문학문화연구방법론을 위한 문화의 스타일·기술성·윤리성

문학문화연구방법론을 위한

문화의 스타일·기술성·윤리성

전동진

문학들

책머리에

이 책은 내가 쓴 것이 아니다.

“스카이다이버의 모습을 제대로 포착하기 위해서는 카메라 역시 같은 속도로 낙하하지 않으면 안 된다.” 이 말을 내내 되뇌었다. 카메라를 들고 뛰어내리는 일은 내가 감당할 수 없는 일이다. 그러니 이렇게 앉아서 멀리까지 돌아다니는 수밖에 없다. 모험심 부족과 게으름에 대한 변론이 이 책인 셈이다.

출판사로부터 넘겨받은 교정본을 읽으면서 바르트가 말한 ‘저자의 죽음’을 실감했다. 다른 자리에서 이 책의 문장을, 문단을 만나면 알아볼 수 있을까. 나의 것으로 반복하는 것은 거의 불가능해 보였다. 이 글들은 누가 쓴 것일까?

글을 쓰는 자는 클리퍼드 기어츠의 말처럼 다만 저자(著者)일 뿐이요, 결국 작품을 만드는 이는 독자라는 것인가? 그렇다고 하더라도 이렇게 나는 내가 쓴 글의 첫 독자가 아닌가? 이런 우문(愚問)에 대한 현답(賢答)은 능력 밖이니, 작은 변명을 서문의 말미에 붙여 보겠다. 그것은 이 글의 서술과 연관된 것이다.

문화연구의 윤리적 기반

기술의 진보와 함께 문화의 확장 속도는 기하급수적으로 증가하고 있다. 기존의 규범적 윤리로는 새롭게 문화로 편입된 형식과 내용을 감당할 수 없게 되었다. 문화의 윤리는 '해서는 안 되는 것' 이나 '해도 되는 것' 의 목록이 아니다. 가능성의 윤리, 불가능성의 윤리이며 행위와 함께 이루어지는 윤리이다. 문화 연구의 기반이 되는 윤리는 규범이 아니라 스타일이 되어야 한다. 윤리에 대한 기존의 논의를 정리하면서 윤리의 기술성과 스타일로서의 윤리의 가능성을 탐색했다.

문화의 구조와 원리

나선은 안으로 말려들어가면서 동시에 바깥으로 펼쳐진다. 가장 단순하면서 금세 복잡해질 수 있고, 가장 복잡한 것도 어느새 단순해질 수 있다. 반복성과 변화성을 동시에 지니고 있는 기하학적 곡선이다. 나선의 우주와 나선의 DNA 사이에서 넓어지고 깊어지고 높아지는 문화를 나선형의 구조로 파악했다. 문화의 원리를 기술의 윤리성, 윤리의 스타일, 스타일의 기술성 등 입체적인 아포리즘으로 보았다. 기술성, 윤리성, 스타일을 잘 비빌 수 있는 그릇이 다름 아닌 '문화적 플롯' 이다.

문화 연구의 지향과 문화의 해석

문화의 폭발적 확장이 우주의 빅뱅을 닮았다면 그것은 채워지는 것보다

비워지는 속도가 훨씬 더 클 것이다. 우리는 시종(始終) 사이에 맥락으로 자리하는 존재가 더 이상 아니다. '지금 여기' 가 바로 언제나 빅뱅인 존재이다. 그래서 문화 연구의 공간, 시간, 인간 지향은 기존의 것과는 다를 수밖에 없다. 인간은 의미를 만들어내는 존재다. 이 의미는 선험적으로 주어지는 것이 아니다. 해석 행위 자체가 곧 의미다. 해석 행위의 언어적 바탕으로 문화 시학을 제안했다.

문화의 스타일 : 윤리성·기술성

'스타일' 이라는 말은 꽤 많은 오해를 불러일으킨다. 뭔가 좀 특별한 의미가 있을 것이라는 기대 때문이다. 여기에서 쓰고 있는 스타일은 우리가 일상에서 쓰는 스타일과 크게 다르지 않다. 머리 스타일, 패션 스타일과 같은 것들은 반복과 차이를 속성으로 삼고 있다. 나는 생활과 직결된 모든 스타일을 '문화의 윤리' 로 본다. 문화의 윤리는 자신의 바탕을 이룬다. 그리고 자기 자신의 존재로서 마지막 어휘를 타자에게 선사함으로써 표현의 윤리 곧 스타일의 윤리를 이룬다. 기술은 사물에 불과하다. 기술의 어떤 지향이 벡터를 가질 때 기술성이 된다.

순수욕망과 변화의 원동력

순수욕망은 순수한 욕망이 아니다. 순수의 욕망이며 욕망의 순수다. 문화적 순수는 가장 강렬한 욕망을 통해 문화의 빛을 발한다. 순수와 욕망의 변증법은 정반합이나 반(부정)정합이 아니다. 비벼증법, 중성변증법과도 다르다. 나는 변화의 원동력을 나선의 변증법에서 찾았다. 문화의 분열에 대한 해석, 해석의 해석, 해석의 해석의 해석, 해석의 해석의 해석의 해석…' 이 이루는 나선이 곧 스타일이다.

문화서사와 감성 공동체

문화서사는 파도와 같다. 거의 한결같은 모습으로 반복되지만, 단 한 번도 같은 모양을 반복하지 않는다. 해안선을 따라 파도는 치지만 그 파도에 의해서 해안선은 끊임없이 모습을 달리한다. 근대기에 인류는 새로운 발견, 발명에 경도되었다. 진보나 발전은 인간다움의 다른 이름처럼 쓰였다. 지구온난화 등 환경 문제, 인공지능 등과 맞닥뜨린 오늘, 인류의 미래를 낙관하는 이는 드물다. 이제 우리는 고통과 굴욕을 나눌 수 있는 감성 공동체를 이룰 수 있어야 한다.

표현공동체와 서사 전략

우리의 삶은 탄생의 울음과 내뱉지 못한 마지막 숨 사이에서 이루어진다. 첫 울음과 마지막 숨결은 번역 불가능성으로 남아 있는 표현이다. 인류는 공히 이 표현 사이에서 삶을 영위한다. 그럼에도 불구하고 우리는 표현공동체의 일원임을 자각하지 못하고 살아왔다. 공동체의 정체성을 인증할 수 있는 언어로서 플롯을 공유하지 않았기 때문이다. 우리의 글쓰기가 이 표현 이전과 표현 이후 사이를 이을 수 있는 서사전략을 지향해야 하는 이유다. 나는 이러한 서사전략을 도입, 설명, 분석, 해석, 마무리로 제시했다.

문화기술방법론

문화는 우리 몸의 살이고 뼈다. 문학이 '피'라고 하는 것은 너무 과도한 역할을 주장하는 것이다. 나는 문학의 역할이 손톱, 발톱, 머리카락이면 된다고 생각한다. 이것들은 우리 몸에서 소격된 것이다. 우리 몸의 경계를 이루면서 자신의 스타일을 가장 잘 표현할 수 있는 것이기도 하다. 우리 몸이 흐르고 있다는 것을 보여주는 거의 유일한 징표다. 우리 장례문화에서는 손톱, 발톱, 머리카락을 잘라 따로 담는다. 흐름으로 삶을 이야기하고, 그러면서 죽음을 환기시키고, 죽어서는 삶을 비춰 주는 것, 이것이 바로 문화에서 문학이 담당해야 할 역할이라고 생각한다.

문화 시학과 문화 비평

마지막으로 문화 시학에 바탕을 둔 비평의 전략을 제시했다. 여기에 맞춰 실제 비평을 전개했다. 문화 시학 비평은 언어의 문화사와 크게 다르지 않다. 백석의 [모닥불]을 대상으로 문학 시학적 질문을 던지고 응답했다. 이것을 배치해 한 편의 소론으로 완성했다. 이것은 백석의 [모닥불]을 문화적으로 읽는 N가지 방법 중의 하나일 뿐이다.

이 책의 참고문헌은 그다지 많지 않다. 나는 많은 사람들의 견해를 마음껏 오독해 참고하는 대신에 몇 사람을 공동 저자로 '사용' 했다. 그들의 이야기를 꼼꼼하게 독서카드로 만들었다. 그리고 그 이야기들에서 비롯된 나의 이야기를 카드로 만들었다. 이렇게 마련된 1,000여 장의 카드를 배치했다. 배치는 인과적 필연성보다는 직관적인 우발성에 의해 이루어졌다.

내가 이 책에서 좀 더 신경을 쓴 것은 형식과 기술방법이다. 기술(記述)의 기술성(技術性)으로서 플롯의 일관성을 유지하려고 노력했다. 그 플롯 안으로 많지 않은 사람들의 많은 이야기를 담아보았다. 이 책의 내용이 누군가에게 도움이 되었다면 그것은 그 누군가의 몫이다. 나의 몫은 이런 서술방법을 누군가가 시도했을 때 생겨날 것이다.

그동안 몇 권의 책을 냈다. 나는 그것을 내가 쓴 것이라고 믿었다. 그래서 책으로 나왔을 때 도저히 다시 읽을 수가 없었다. 몇 년이 빠르게 흘렀다. 나는 이 책을 내가 쓴 것이 아니라고 확신한다. 그래서 나는 책이 나오기 직전의 독자는 물론, 책이 나온 직후의 독자도 되어볼 생각이다.

2018년 1월

고래(古來)서실에서

차 례

책머리에 • 4

문화 연구의 윤리적 기반

1. 도입 17
2. 윤리와 기술성 19
3. 윤리의 양상 23
4. 문화의 윤리 27
5. 문화의 글쓰기와 윤리 33

문화의 구조와 원리

1. 도입 39
2. 의미의 장 41
3. 스타일, 기술성, 윤리성 43
4. 문화 텍스트의 자가 발전 원리 54

문화 연구의 지향과 문화의 해석

1. 도입 61
2. 文과 化 아포리즘 63
3. 문화 텍스트의 이중적 리듬 67
4. 문화의 해석, 해석의 문화 71
5. 문화 연구의 지향 74

문화의 스타일 : 윤리성·기술성

1. 도입 93
2. 스타일의 영도성 97
3. 윤리성 100
4. 기술성 102
5. 나선형의 스타일 106

순수 욕망과 변화의 원동력

1. 도입 111
2. 변증법과 신실용주의 115
3. 순수욕망의 '비순수성' 120
4. 나선(螺旋)의 변증법 127
5. 분열의 긍정성 129

문화 서사와 감성 공동체

1. 도입 137
2. 문화서사의 확장 139
3. 플롯의 문화, 문화의 플롯 144
4. 마지막 말의 우발성 151
5. 마스터 플롯, 가능성의 불가능성 158

표현 공동체와 서사 전략

1. 도입 163
2. 표현의 공동체 167
3. 아포리즘의 원리와 층위 169
4. 서사 전략 172

문화 기술 방법론

1. 도입 183
2. 표현과 플롯 187
3. 벡터와 중층 기술 195
4. 문화 플롯의 구조 202

문화 시학과 문화 비평

1. 도입 213
2. 문화시학의 방법론 217
3. 문화시학 분석을 위한 물음 219
4. 텍스트의 설명, 분석, 해석 222
5. 문화적 플롯의 구성 228

참고문헌 • 236

문화 연구의 윤리적 기반

문화 연구의 윤리적 기반

1. 도입

기술(技術)은 인간이 발견, 발명한 원리나 지식을 자연에 적용해 인간의 생활에 유용하도록 만드는 구체적이고 실제적인 수단을 일컫는다. 이것을 우리말로 하면 '솜씨'가 될 것이다. 신으로부터 불과 솜씨를 훔쳐서 인간에서 선물한 프로메테우스의 말로 하면 테크네(techne)다. 기술을 추상적인 차원까지 확장하면 크래프트(Craft)에서 아트(art)까지 작동한다. 기술은 어떤 일을 하거나 어떤 대상을 다루는 방법이나 능력까지를 포괄하게 된다.

우리는 문화의 시대를 살고 있다. 이것을 부정하는 사람은 없을 것이다. 그런데 '문화란 무엇인가?' 라는 물음에 대해 '그거다' 싶은 답을 하는 사람도 없는 것 같다. 그것을 묻는 사람도, 질문도, 응답하는 사람의 답도 사유 안에서 이루어진다. 인간의 역사는 사유의 역사라고 할 만큼 사유는 인간다움의 핵심에 있었다. 사유의 중심축이 이동함에 따라 철학의 지형도는 다시 그려졌다.

고대 그리스에서 자연은 인간 존재의 다른 이름이었다. 자연이라는 공간에 대한 사유가 인간으로 이동하면서 존재론이 철학적 사유의 대세가 되었다. 시간이 철학적 사유의 핵심에 자리한 것은 후설의 현상학에서 정점을 이룬다. 하이데거는 시간의식, 의식시간을 다시 존재론으로 환원함으로써 오래된 것들을 새롭게 한 철학자로 일컬어진다. 그를 마지막 형이상학자라고 부르는 것은 이와 같은 맥락에서다. 공간에서 인간으로, 인간에서 시간으로 이동한 사유의 축은 다시 공간으로 이동한다. 문화의 시대는 가히 공간의 시대라고 할 만하다.

그런데 공간이 달라졌다. 고대 그리스의 공간이 자연의 공간이었다면, 오늘의 공간은 문화의 공간이다. 존재의 거처로서의 공간이 해체의 공간, 텍스트의 공간으로 바뀐 것이다. 문화는 달라진 공간 위에서 펼쳐진다. 인간이라는 구체적인 대상을 상정한 까닭에 존재론은 명석한 사유를 요구했다. 있다는 것을 누구도 의심하지 않지만 시간의식은 구체적으로 지각하거나 감각할 수 없다. 있지만 없는 대상을 사유하는 인식론은 반(半)사유라고 할 수 있다. 공간은 글자 그대로 공(空)이다. 사유의 대상 자체가 부재인 것이다. 사유가 불가능한 무(無)사유의 공간에서 펼쳐지는 문화 현상을 사유로 포착하는 것은 불가능에 가깝다. 문화의 시대에는 사유를 통해서는 의미 있는 물음도, 물음에 대한 의미 있는 응답도 쉽게 할 수 없는 것이다. 사유에서 기술로의 전회를 통해 다른 물음과 다른 응답을 모색할 필요가 있다.

사유의 위기는 철학의 위기와 맥을 같이 한다. 사유는 해체되어 공간으로 흩어진다. 이에 대한 반대급부로 공동체에 대한 관심과 윤리에 대한 관심이 새롭게 대두하고 있다. 문화의 공간에서 인간을 지향하는 사유를 통해 '공동체'에 대해 기술할 수 있다. 다른 한편에는 '윤리'에 대한 기술이 가능한 데, 이것은 문화의 공간에 시간(시간의식)을 끌어와 사유를 전개할 때 이루어진다.

그런데 문제는 새롭게 떠오른 공동체와 윤리가 기존의 언어를 반복하면서 만나는 경우가 많아지고 있다는 것이다. 공동체의 윤리나 윤리의 공동체가 진부하게 느껴지는 이유다. 둘을 호명한 것은 서로가 아니라 문화적 공간에 흩어져 있는 마지막 어휘들이다. 공동체의 삶의 방식이 윤리이고, 윤리는 공동체의 기반이라는 것은 근대나 전근대의 사유다. 공동체와 윤리는 문화 공간이라는 거대하고 깊은 텅 빈 경계를 사이에 두고 있다. 문화 시대의 공동체는 기술성의 공동체로, 윤리는 기술성의 윤리로 문화적 전회를 이뤄내야 할 때다. 어떤 전회든 새로운 언어를 기반으로 삼지 않으면 안 된다. 문화 공간에서 이루어지는 논의들이 새로운 진전을 이룰 수 있도록 언어적 기반을 조성하는 것이 전제되어야 한다.

2. 윤리와 기술성

현실적 가치(사회적 가치)에 초점을 맞춘 실용주의와 구분해서 로티의 사유는 신실용주의라고 부른다. '실용주의'라는 말에서 우리는 로티가 지향하는 가치의 근원에는 '공리주의'가 자리하고 있다는 것을 알 수 있다. 세계는 세계대로, 자아는 자아대로 그 효용성을 최대치로 높일 수 있는 방안을 제안했다. 그는 방법적 전제로 철학 문화와 시 문화의 역할을 바꿀 것을 제안했다. 진리의 절대성에 대해 회의를 품고, 진리의 존재 형태를 의심해 보는 것만으로도 좀 더 다양하면서 특별한 의미를 도출할 수 있다.

> 로티가 말하는 문학과 문화 또는 시화된 문화의 특징은 다양성과 새로움에 있다고 볼 수 있다. 그런 문화 속에서 사람들은 최종적인 해결책을 찾기보다는 사태를 새롭게 조명한 다양한 관점을 선호한다. 궁극적인 진리라고 여겼던 모든 것이 사실은 하나의 서술에 불과하다는 것을 잘 알고 있기 때문이다.[1]

우리가 진리로 알고 있던 것들은 모두 서술 형태로 남아 있다. 서술 행위는 필연성보다는 우연성에 의해 전개되는 경우가 많다. 우연적인 서술로 필연성의 진리를 담아내려는 것 자체가 아이러니다. 피할 도리가 없다면, 아이러니를 최대치로 끌어올려 '내용과 형식'을 본질적으로 비틀 수 있는 방안을 모색할 필요가 있다.

하나의 이야기와 다른 이야기가 이어지는 것을 독자의 상상력에만 기대고 있을 수는 없다. 또한 새로운 자아의 창조를 낯선 타자의 출현에만 맡겨 둘 수도 없다. 우리는 이야기와 이야기, 자아와 자아를 기술(서술)을 통해 맞물려 놓을 수 있다. 로티는 "자아창조의 기획에서 성공하기 위해서는 그들은 이 경험을 재서술함으로써 다른 경험들과 맞물리도록 할 필요가 있다."[2]고 말한다. 로티에게 자아 창조는 자신의 '마지막 말'을 갖는 것과 다르지 않다. 마지막 서술은 무(無)에서 창조되기보다는 경험과 경험의 본질

1) 이유선, 「문화적 가치판단의 기준과 문학적 문화」, 『사회와 철학』 제12호, 사회와 철학연구회, 2006, 169쪽.

2) 리처드 로티, 『우연성, 아이러니, 연대성』, 민음사, 1996, 222쪽.

적 비틀기와 붙이기를 통해 얻을 수 있다. 이야기와 이야기를, 자아와 자아를 이을 때는 최대한 비틀어 나선형으로 맞물려야 그 에너지를 최대치로 응축시킬 수 있다. 그렇게 응축된 에너지를 분출해 솟구칠 때 주체는 상징의 벽도 뚫고 오를 수 있다.

로티의 사유는 매우 참신하고, 선도적이다. 공동체와 개인을 명확히 구분해 버리는 것은 도전적이기까지 하다. 이 점에 대해서 지식인 사회가 보여주는 반감은 예상보다 크다. 전통 철학을 계승하고 있는 이들은 로티를 배척하기도 한다. 현실적으로도 개인적인 삶과 공동체의 삶을 따로 구분해서 살 수 있는 여건을 갖춘 사람은 매우 드물다. 어떤 식으로든 둘은 연결되어 있고, 영향을 주고받을 수밖에 없다. 사적 자아의 창조와 공적 주체의 연대성을 동시에 지향하면서, 둘이 따로 거둔 효과를 함께 공유하며 변화의 추동력으로 활용할 수 있는 방안을 제시할 필요가 있다. 즉 따로 사이에 '함께'를 빈 경계로 두자는 것이다. 이 '텅 빈 사이'에서 본질적 비틀기가 가능하다. 나선(螺線)을 따라 서로 다른 면을 지향함으로써, 서로는 각자인 채로 다른 쪽의 변화를 추동하는 힘을 함께 얻을 수 있다.

나선(螺線)형을 입체화하기 위해서는 유동성만으로는 부족하다. 경계는 매개체가 아니다. 완전한 비어있음이다. 그래야 하나의 지향에서 다른 지향으로의 변곡에만 집중할 수 있다. 기어츠는 "우리는 현재에 대해서는 (집단의) 문화적 성과와 내적인 정신적 능력간의 의미있는 관련성을 부정하면서 동시에 과거에 대해서는 관련을 확인할 수 있어야 한다."[3]고 말한다. 이것이 가능해야 우리는 우리 자신을 지키면서, 변화된 세계에 대해서

---

3) 클리퍼드 기어츠, 『문화의 해석』, 까치, 2012, 88쪽.

도 제대로 읽고 쓸 수 있게 되는 것이다.

기존의 윤리는 '순수'를 선으로 보았다. 순혈, 순종은 선이고 혼혈, 혼종은 악으로 취급했다. 선의 윤리는 욕망의 분출, 솟구침을 억압하고 제어하려고 했다. 전통윤리는 선과 악, 쾌락과 고통, 행복과 불행의 이분법적 대립을 중심으로 윤리의 방향을 모색했다. 다른 것에 의한 자신의 존재 증명은 상징계의 속성이다. 선은 악을, 쾌락은 고통을 타자로 삼는다. 타자에게 자신의 욕망을 투사해 배척함으로써 자신의 위상을 정립하고 행위에 정당성을 부여한다.

그런데 데리다는 '악의 윤리', '쾌락의 윤리'가 지닌 역동성에 주목한다. 선보다는 악의 역동성을, 쾌락보다는 굴욕과 고통을, 행복보다는 불행의 근원성에 주목한다. 선의 윤리의 대척점에 자리한 것이 미의 윤리다. 미의 윤리를 작동하는 기술성은 이러한 것들을 동력원으로 삼는다. "주이상스(jouissance), 위반, 불가능한 대상, 죽음 등의 개념이 부각되는데 특히 이런 개념은 라캉이 말하는 '미(beau)'와 관계 있다. 그러므로 미의 개념은 윤리의 기획에서 중요한 역할을 한다고 할 수 있다."[4] 이분법을 깨트리는 변곡을 통해 역동성을 배가 한다. 그리고 미적 윤리의 기술성이 지닌 솟구치는 힘을 통해 우리는 상징계를 뚫고 욕망이 선으로 실현되는, 미적 윤리의 세계에 진입할 수 있게 된다.

4) 김석, 「선의 윤리와 순수 욕망의 윤리」, 『미학예술학연구』 제38집, 한국미학예술학회, 2013, 70쪽.

3. 윤리의 양상

윤리는 인간의 의미 있는 행동이 이루어지는 장에서 작동하는 행위의 원천이자 원리이다. 윤리는 시간과 공간과 인간을 잇는 결절점이자 노드다. 사람들에게 의미 없는 일, 해로운 일은 윤리가 결여되어 있다. 인간의 의미있는 행위가 문화를 이룬다. 윤리는 문화와 등치시킬 수는 없지만 따로 떼어놓을 수도 없다.

인간의 지혜가 미치는 영역을 확장하는 밀물/썰물의 힘을 가지고 있는 것이 문화라면, 윤리는 그것이 끝내 '인간적' 일 수 있도록 끌어당겨주는 썰물/밀물의 힘으로 작용한다. 둘은 문화의 바다에서 서의 구분할 수 없는 모습의 물결로 오가지만 그 힘에 내재되어 있는 벡터는 다르다. 문화 확장 속도는 놀라울 정도로 빠르다. 윤리는 그런 문화의 속도와 함께 하면서 의미를 구성해야 한다. 상보적으로 견제하고 상충적으로 지원하기 위해서 윤리는 좀 더 유연해져야 하고, 더 공허해지지 않으면 안 된다.

윤리의 변모는 변증법의 변모만큼 다채롭고 흥미롭다. 윤리가 보편성을 지향할 때 우리는 그것을 본질적 윤리라고 하고, 구체적인 사안에 집중해 들어갈 때 응용윤리라고 한다. 이 둘은 연역과 귀납처럼 사유의 방향은 다르지만 같은 언어를 사용한다.

> 본질적 윤리의 영역을 어떻게 설정하느냐 그리고 적용되는 인간 생활의 범위와 측면을 어떻게 설정하느냐 그리고 적용되는 인간생활의 범위와 측면을 어떻게 설정하느냐에 따라 응용윤리의 연구 영역은 달라질 것이다.[5)]

본질적 윤리는 현실적인 삶과 직결되는 현실적인 윤리라기보다는 추상적 윤리였다. 추상적 측면만을 놓고 보면 메타윤리, 형이상학적 윤리, 윤리 이론, 규범 윤리, 서술 윤리와 같은 것을 모두 포함한다. 그러나 메타 윤리의 경우에는 언어적 실천, 서술 윤리는 쓰기 행위와 연결이 되기 때문에 추상적이라고 단정하기는 어렵다. 본질적인 윤리는 이론 윤리가 대표한다. 이론 윤리가 현실에 관여할 때 '규범 윤리'로 나타난다. 규범 윤리는 인간의 모든 행동에 앞서 있는 윤리라는 점에서 선험적 윤리라고도 할 수 있다.

응용이라는 말은 '무엇을 응용함'을 함의하고 있다. 응용 윤리는 '이론을 응용, 규범을 응용' 한 윤리라고 풀이할 수 있다. 응용은 이론을 대전제로 삼아, 현실에서 일어나는 구체적인 사건의 성격에 보조를 맞춘다. 실천 윤리 역시 이론을 근거로 삼지만, 현실적인 사건을 대할 때 이론을 전제로 삼지는 않는다. 이론마저도 현실적인 사건에 의해서 달리 해석될 수 있다고 본다. 응용 윤리와 실천 윤리는 거의 유사한 형태로 나타나지만, 근본적인 차이는 '이론의 의존성'에 달려 있다.[6]

실천윤리는 공리주의에 입각하고 있기 때문에 실용주의적 성격이 강하다. 실천 윤리를 주창한 대표적인 학자는 싱어다. 그가 말하는 실천 윤리의 요체는 세계를 이해하는 것이 아니라 변화·변혁시키는 데 있다. 사회적으로는 개혁주의 내지 수정주의를 표방한다. 개인적 차원에서는 구체적인 실천을 요구한다. 개인들의 실천만이 세상을 변화시킬 수 있다는 가정과 신념을 전제한다. 싱어의 실천 윤리는 사실을 직시하는 것으로부터 출발

---

5) 박종훈, 「윤리문화학의 성격과 그 학문 영역」, 『윤리문화연구』 제6호, 윤리문화학회, 2010, 15쪽.
6) 김민웅, 「실천윤리와 문화」, 『윤리문화연구』 제5집, 윤리문화학회, 2009, 199쪽.

하기 때문에 현실적 지반을 중시한다.[7] 개인의 실천을 위해서는 행동지침으로서 윤리가 전제되어야 한다는 점에서 이론 윤리로부터 완전히 자유롭지는 못하다.

메타윤리는 윤리의 윤리성에 대해 탐색한다. 윤리 역시 고정된 실체가 없기 때문에 그 자체로 모습을 드러내는 일은 없다. 윤리의 윤리성, 윤리성에 대한 윤리적 서술은 쓰기와 연결될 수밖에 없다. 메타윤리는 윤리를 구성하고 있는 언어에 대한 고찰과 다르지 않다. 윤리의 언어에 대한 고찰이라는 점에서 메타 윤리는 규범 윤리나 실천 윤리와는 서술 대상을 달리한다.

최근에는 비교윤리가 새롭게 떠오르고 있다. 인류학에서 주로 사용하는 용어인데, 저마다의 민족이 갖고 있는 윤리의 상대성을 존중하는 것을 기본으로 삼는다. 윤리는 상대적이기 때문에 인류학자는 가치를 판단 하지 말고 서술에만 집중해야 한다는 것이다. 그런 점에서 비교 윤리는 서술의 윤리라고도 부를 수 있다.

대상에 따른 윤리 양상의 구분과 함께 윤리의 주체에 따른 유형 분류도 가능하다. 윤리성의 주체에 따라서 개인 윤리와 사회 윤리로 나눌 수 있다. 개인 윤리적 영역에서는 비인지주의적, 목적론적인 덕 윤리관이 요구된다. 사회 윤리적 영역에서는 이성적이며 의무론적인 윤리관이 요구된다.[8] 행위의 복잡다단을 생각하면 윤리의 주체에 따른 분류는 추상적인 것으로 여겨진다.

윤리가 개인 윤리와 사회 윤리로 구분 가능한 것은 윤리관의 차이에 의

7) 김민웅, 같은 논문, 197~8쪽.
8) 정원규, 「현대사회와 윤리개념의 분화 : 사회윤리와 개인윤리」, 『철학연구』 제59집, 철학연구회, 2012, 270쪽.

해서가 아닌 것 같다. 개별 윤리들은 그 자체 안에 서로 다른 지향성을 품고 있다. 규범 윤리도 사회 윤리와 개인 윤리로 나눌 수 있다. 실천 윤리도 사회 윤리와 개인 윤리로 나누어 살필 수 있다. 가령 규범 윤리의 측면에서 사회 윤리와의 관계를 고려하면 "규범은 의미있는 협력이 가능한 범위 내에서 최소 규칙의 형태로 나타날 것"[9]이다. 개인 윤리를 규범적 측면에서 보면 '덕윤리'와 직결된다. 인간의 인성, 인간의 자기 완성을 전제로 한 것이 덕의 윤리이다. 덕의 윤리는 행위 결정자의 도덕적 인격을 강조한다.

> 윤리적 고려에 대한 결과주의(공리주의)와 비결과주의(의무론적 접근)는 모두 행위 지향적 접근인데 반하여, 덕 윤리는 윤리적 행위자(의사결정자)에 초점을 둔다. 덕윤리 이론은 인간의 궁극적 목적은 행복이라는 아리스토텔레스의 목적론적 윤리성에 기반을 두면서 행위자의 행위보다는 최대의 선과 행복을 이끌어내는 행위자의 성품과 인격 유형을 서술하는 데 관심을 둔다.[10]

규범 윤리로서 덕의 윤리가 지닌 선험성을 사후적인 것으로 대체할 수 있다면. 이것은 신실용주의가 표방하는 자기창조의 작동 원리로도 유용할 것 같다. '덕'이라는 말에는 규범 윤리의 습득 혹은 체화가 전제되어 있다. 사회 윤리는 실천 윤리의 측면에서는 폭을 넓히고, 개인 윤리는 규범 윤리 측면에서 깊이를 더한다.

---

9) 정원규, 같은 논문, 263쪽.

10) 김향인, 「연구윤리의 윤리학적 고찰과 확산 방안」, 『도덕윤리과교육』 제24호, 도덕윤리과교육학회, 2007, 159쪽.

4. 문화의 윤리

1) 글쓰기의 윤리

글쓰기의 경우 윤리적 판단은 주로 내용에서 이루어진다. 그런데 형식은 말할 것도 없고, 내용에 있어서도 주체는 사적 주체와 공적 주체 사이에서 끊임없이 진동한다. 장르가 사회적인 것이라면 글쓰기는 스스로를 규정하고 있는 장르에 대한 파괴·해체를 지속적으로 시도한다. 글쓰기 행위 역시 마찬가지이다. 글쓰기는 아무리 개인적인 차원에서 이루어지더라도 사회적인 측면을 지니고 있다. 또 아무리 사회적인 차원에서 이루어진다고 하더라도 그것은 언제나 '혼자서' 쓰기이다. 기존의 윤리학이 지닌 유연성으로는 글쓰기의 윤리, 기술의 윤리를 감당키 어렵다.

나와 타자가 서로의 차이를 인정하고 자율적 존재로서 존중받는 우애로운 상호 존중의 언어적 관계를 맺는다. 이것은 상징계에서 추구하는 유토피아다. 형이상학자들이 추구하는 이런 사회는 불가능성의 사회다. 우리는 상상계, 상징계, 실재계를 하나로 관통하면서 저마다의 각자성을 확보할 수 있는 방안을 고민하게 된다. 서로가 변화, 추동력의 원천으로 작용할 수 있도록 통로를 내는 기술성의 단초를 데리다로부터 구할 수 있다.

데리다는 흔적의 글쓰기와 대리보충의 글쓰기를 구분한다. 흔적의 글쓰기는 흔적을 통해 기억을 재현하는 방법이고 대리보충은 기대 즉 도래할 것을 현전화하는 방법이다. 이 둘 사이에서 형성되는 '현재'는 '진실'이 비상할 수 있는 '사이 공간'이 된다.

그 진리로 은유되는 타자의 도래에 의해 비로소 발명되고 연기되는

'나'의 '차이'를 살아가는 일이기도 하다. 이때 그런 은유의 탁월한 형식으로서 문학은, 아니 개개 문학 작품이 여는 독특한 타자와의 경험은, 철학과 달리 이질적인 것을 내면성의 외화 과정의 한 계기로 포섭하거나 인식 바깥의 아득한 초월 영역으로 배제하지 않지만, 동시에 '항상 이미' 자신을 해석하고 자신의 존재에 장소를 부여하는 철학의 철학성을 이질적인 것들의, 유령적인 것들의 이름으로 묻는 더 깊은 사유의 형식일 수 있다.[11)]

대리보충의 글쓰기를 통해 '나'는 발명(표현)되고, 흔적의 글쓰기를 통해 '나'는 연기된다. 그 사이 텅 빈 공간에서 도약(세계로)하고, 비약(내면으로)하기 위한 언어적 디딤판은 '은유'다. 문학에서 이질적인 것들이 불편한 동거를 감행할 수 있는 것은 은유의 언어 덕분이다. 문학은 이질적인 것들에게 존재의 장소성을 제공한다. 비로소 우리는 이질적인 것들의 시선으로 '항상 이미' 자신을 해석하고 자신의 존재에 장소를 부여하는 철학의 철학성을 또 하나의 이질적인 것들로 볼 수 있다.

2) 기술성의 윤리

지금까지 논의된 윤리는 어떤 식으로든 언어로 옮길 수 있다. 데리다 식으로 보면 상징계의 윤리라고 할 수 있다. 상징계를 벗어나는 것은 언어를 위협하는 모험이다. 윤리적으로도 불온한 일이다. 위험성, 불온성은 반(反), 비(非) 윤리적인 것들이기 때문에 이것을 최소화하기 위해 주체는 상

---

11) 강우성, 「해체, 해석, 문학 : 데리다와 윤리」, 『영미문학연구』 제8집, 영미문학연구회, 2005, 27쪽.

상계로 회귀하지 않을 수 없다.

상상계는 문학적 상상력의 원천으로 오랫동안 자리매김하고 있었다. 상상계를 작동하는 윤리는 자기중심적이다. 공적인 것들이 끼어들 여지가 별로 없다.

> 상상계적 윤리는 겉으로는 타자를 향해 있지만, 도덕적 감상, 연민, 자비의 이름으로 타자를 전유하고, 동일성의 외피를 타자에게 입힘으로써 타자를 지우는 것이다. 결국 상상계적 윤리의 체계 안에서 남는 것은 나, 자아밖에 없다.[12)]

아무리 나이를 많이 먹은 사람이라도 그의 상상계는 '유아'를 벗어나지 못한 것으로 치부되었다. 상상계가 제대로 성장하지 못하면 상상은 어른의 몫이 아니다. 문화의 창조성은 상상에서 비롯된다는 것에 이의를 제기할 사람은 없다. 상상력은 문화를 창조하는 사람들에게 절대적으로 필요하다. 문학이 원천으로 삼았던 자기중심적인 상상계를 이제 '철학의 언어'에게 내어줄 필요가 있다. 그리고 문학은 좀 더 공동체적인 것을 지향해 보자는 것이 철학자 로티의 제안이다.

상상계가 명석성과 판명성이 높은 철학의 언어로 채워지고, 그 지반이 튼튼해지면 주체의 도약 역시 탄력을 받을 수 있다. 철학의 언어로 채워진 상상계에서의 주체의 도약은 강렬하다. 상상계에서 뛰어올라 상징계를 뚫

---

12) 오민석, 「타자의 유리학과 문학이론-레비나스와 이글턴」, 『현대영미어문학』 제32집, 현대영미어문학회, 2014, 11쪽.

고 올라 곧바로 실재계에 닿을 것 같다. 그러나 상징계를 구성하고 있는 언어는 치밀하고 밀도가 높다. 주체는 진흙탕에 던져진 돌만큼 금세 속도가 죽고 언어의 숲에 감싸이고 만다.

상징계를 뚫고 오르기 위해서는 상상계에서 얻은 도약력만으로는 부족하다. 주체의 쓰기는 그 자체에서 에너지를 분출하지 않으면 안 된다. 또한 잘 뚫고 오르기 위해서는 총알과 같은 회전력이 필요하다. 이것만으로도 부족하다. 강력한 추진체가 없이 먼 바다로 여행을 감행할 때 필요한 것이 해류다.

상징계를 뚫고 오르기 위해서는 문화(언어) 자체가 지니고 있는 역동성 즉 스타일을 타고 올라야 한다. 바다에는 많은 길이 있듯이 실재계와 상상계를 잇는 길은 이루 헤아릴 수 없이 많을 것이다. 이 기술성의 길 중에서 특별한 언어를 이루면서, 마치 해류를 타는 것과 같이 상징계를 통과해 갈 수 있는 특별한 기술성의 길이 있다. 이 기술성의 길을 우리는 스타일이라고 부른다.

3) 문화의 윤리

문화의 역동성은 자유의 추구에서 나온다. 문화의 발전에서 누구보다 자유의 역할을 강조한 이는 카시러(Cassirer)다. 카시러에게 인간의 문화는 인간의 자기 해방의 과정이다. 현실적인 기술로서의 문명을 뛰어넘는 것이다.

> 카시러(Cassirer)는 칸트(Kant)로부터 영향을 받아 이러한 문화적 자유를 윤리적 자유와 연관시키고 있다. 즉 카시러는 윤리적 자유는 주어

> 지거나 상속된 하나의 자연적인 사실이 아니라 인간 자신이 실현하면서 실천적 작용을 가져오도록 노력해야만 하는 하나의 잠재성이라는 것을 우리에게 상기시키고 있다는 점에서 윤리적 자유가 문화적 자유의 핵심이라고 그가 생각했음을 알 수 있다.[13)]

카시러의 자유주의자로서의 면모를 잘 드러내주고 있다. 실현과 실천은 잠정적인 것들을 현실로 옮기지 못하고 텍스트로 묶어놓는다. 이것이 시간의 의식 현재화이다. 어떤 환경 속에서 현재화가 이루어지느냐에 따라서 그것의 가치가 결정된다. 문화적 자유, 윤리적 자유는 현실적인 요건이다. 이 현실적인 요건을 기반으로 삼아 안주하느냐, 또 다른 도약을 시노하느냐에 따라 윤리도, 윤리를 대하는 주체의 태도도 달라질 수밖에 없다.

자유주의자들이 추구하는 자율성은 인간의 한 본성이다. 자유는 자율성의 실현이다. 상징주의적 경향이 강한 자유주의자는 절대적 자율성(필연성)을 상정하고 그 실현을 목표로 삼는다. 현실에서 자유의 완전한 실현은 불가능에 가깝다. 자유주의자에게 세계는 언제나 미완의 세계일 수밖에 없다. 아이러니스트는 텍스트 바깥에 절대적 자율성을 상정하지 않는다. 따라서 현실에서의 자유의 실현을 목표로 삼지 않는다. 세계 자체가 자율성의 각축장이고, 경연장이라고 여긴다. 그들은 자율성을 억압하는 또 다른 자율성에 끝없는 도전을 감행함으로써 자율성을 실현하고자 한다.

> 그는 계승된 우연성에서 벗어나서 그 자신의 우연성을 만들고, 낡은

---

13) 박종훈, 같은 논문, 11쪽.

> 마지막 어휘에서 벗어나서 그 자신의 것이 될 어휘를 만들어내려 한다. 아이러니스트에게 일반적 특징은 그들 자신보다 큰 어떤 것에 의존함으로써 그들의 마지막 어휘에 관한 의심을 해소하게 되는 상황을 원치 않는다는 것이다. 이것은 의심을 해소하는 그들의 기준, 사적 완성에 대한 그들의 기준이 그들 자신이 아닌 어떤 힘에 동화되기보다는 자율성임을 의미한다. 모든 아이러니스트가 성공을 측정할 수 있는 것은 과거이다. 과거에 따라 사는 것에 의해서 아니라 그것을 자신의 용어로 재서술함에 의해서 "그와 같이 나는 그것을 원했다"라고 말할 수 있게 된다.[14)]

문화시대의 윤리적 실천은 자유주의자보다는 아이러니스트에게 더 적합하다. 언어에 억압당한 우리는 오직 언어를 통해서만 해방도 맛볼 수 있다. 이와 같은 언어적 아이러니 속에서 이루어지는 자율성의 실현으로서 언어적 실천 역시 아이러니할 수밖에 없다. 아이러니스트는 한 편에서는 "낡은 마지막 어휘에서 벗어나서 그 자신의 것이 될 어휘를 만들어내려 한다." 다른 한 편에서는 "그것(과거)을 자신의 용어로 재서술함에 의해서 "그와 같이 나는 그것을 원했다"라고 말하고 싶어 한다.

마치 소라껍질의 나선형처럼 첨단은 맨 처음인 것을 자신의 마지막 어휘로 삼기 위해 미지를 뚫고 나간다. 나선의 다른 쪽에서는 소라의 입처럼 좀 더 많은 세계를, 기억들을 들이마시며 그 흔적을 걸러내고자 한다. 그래서 기존의 것을 재서술해 자신의 것으로 삼고자 한다.

14) 로티(1996), 같은 책, 185쪽.

5. 문화의 글쓰기와 윤리

문화의 시대에 개별자들은 두 가지 윤리적 숙고를 거듭하게 된다. 기술의 급격한 발전에 따라 사회·문화적 환경이 급속도로 변한다. 이러한 기술의 속도에 적응하면서 느끼는 감정에서 발생하는 윤리적 숙고가 있다. "특징인에 대한 애착이나 자신을 새롭게 창조하려는 독특한 시도에서 나오는 윤리적 숙고"[15]가 다른 하나다.

공동체의 일원으로서 개인은 타자의 자율성을 침해하지 않으면서, 자신의 자율성을 공유할 수 있어야 한다. 기술로서 자신의 자율성을 공유할 때 책임이 발생한다. 공동체에서의 연대는 타자의 인정이 필수적이다. '우리-의식'의 윤리적 숙고에서는 단단하게 굳은 '도덕'과 유연한 '윤리'를 통해 공동체의 확장성에 기여하고자 한다. '자기-의식'의 윤리적 숙고에서는 공적 개인으로서 공유와 책임, 사적 개인으로서 애착과 창조를 염두에 둔다.

도덕과 윤리, 공적인 것과 사적인 것이 교차하면서 개별자의 윤리적 지표가 마련된다. 도덕과 공적인 것, 도덕과 사적인 것, 윤리와 공적인 것, 윤리와 사적인 것 등의 네 가지의 지평에서 개별자의 행위는 각각 다른 가치를 지향할 수 있다. 이 지평들이 상호 영향을 주고받거나, 상충하거나, 상보해야 정상적인 사회생활이 가능하고, 개인의 창조적인 삶도 가능하다. '사적인 것'과 '윤리'의 영역이 행위의 절대적인 부분을 차지하는 사람을 일컬어 '덕후'라고 말한다. 반면 공적인 것과 '도덕'의 영역이 삶의 절대

15) 로티(1996), 같은 책, 352~3쪽.

적인 부분을 차지하는 사람을 '워커홀릭'이라고 칭한다.

도덕과 그 지향에서 차이를 보이는 윤리, 윤리학은 자신의 삶을 영위하기 위한 조건을 만드는 데서 출발했다고 해도 과언이 아니다. 윤리학은 사회적으로 안전한 생활을, 개인적으로는 안정된 삶을 보장받기 위한 관계 맺음과 관련이 깊다. 자기로부터 출발한 윤리학은 근대기에 행해진 타자에 대한 폭력성에서 그 한계를 드러낸다. 레비나스, 이글턴으로 대별되는 타자의 윤리학은 이런 한계를 극복하고자 하는 노력의 일환이었다.

> 윤리학의 출발은 자아로 환원될 수도 없고, 규정될 수도 없으며, 전체성(totality)의 체계 안으로 귀속될 수도 없는 타자(the other)의 존재를 인정하는 것이다. 타자는 전체성의 반대 축에 있는 "무한성(infinty)"의 궤도에 있다. 무한성이란 그 어떤 범주나 체계로도 환원되거나 포획되지 않는 타자의 속성을 지칭하는 것이다. 따라서 존재론이 동일성의 원리에 의해 환원시킨 타자는 정확한 의미의 타자가 아니라 자아의 자아일 뿐이다.[16]

그런데 타자의 윤리학도 또 다른 한 극단에서 자아의 윤리학과 똑같은 문제를 되풀이할 가능성이 크다. 정확한 의미로 타자의 존재를 인정하더라도, 그런 자아의 권리는 이미 타자 안에 자리한 자아로부터 발생한다. 자아의 타자에 대한 윤리학이 아니라 타자의 타자 윤리학이라는 점에서 자아 윤리학과 크게 다르지 않다는 것이다.

여기에서 우리는 '우리 윤리학'에 대해 고민해 볼 필요가 있다. 자아의

16) 오민석, 같은 논문, 106쪽.

윤리학이 지배하는 상상계나, 기만적인 타자 윤리학이 주를 이루는 상징계를 벗어나, 전혀 새로운 대상으로서, 그 구분마저도 의미가 없는 실재계에서 타자와 자아가 서로를 통과하듯 마주보는 것이 우리 윤리학이 지향하는 최선의 상황이다. 그러나 그것은 언제나 가능성으로만 남아 있다. 따라서 우리는 자아와 타자, 우리가 불편한 공존을 다툼없이 지속할 수 있는 '글쓰기' 라는 공간에 새삼 주목하게 된다.

어느 한 영역에만 머물고자 하는 사람은 문화적이라고 할 수 없다. 좀 더 역동적인 문화에서 네 영역은 평면에 그려지지 않고 입체화된다. 펼쳐지는 것이 아니라 쌓여 나선의 원뿔형의 입체를 구성한다. 이 네 영역이 제대로 섞이기 위해 필요한 것은 문학적 상상력, 문학적 영역이다. 글쓰기는 서로 다른 것들이 불편한 공존을 지속할 수 있는 가장 유력한 장소이다.

문학은 결정불가능한 것들을 지향하고, 결정가능한 것에 결정불가능한 것들을 반영한다. 미지의 것과 기지의 것들 사이에 놓여 화해보다는 갈등을 조장해 서로의 존재를 가늠케 하는 것이 문학의 전략이다. 문학은 결정가능한 것들의 존재론과 결정가능한 것들과의 관계 설정에 대한 끊임없는 물음 속에서 윤리성의 문제를 거론해야 한다.

상상과 실재 사이에서 펼쳐지는 현실/현재의 문화, 문화의 현실/현재는 이제 문학적 윤리를 바탕으로 삼을 필요가 있다. 그래야 좀 더 많은 것들이 공존할 수 있고, 그러한 공존은 다채로운 '아상블라주' 를 형성해, 문화의 품을 획기적으로 확장하면서, 동시에 고양할 수 있을 것이기 때문이다.

문화의 구조와 원리

문화의 구조와 원리

1. 도입

소라껍질에는 소리가 들어 있다. 귀를 대면 원시 인류의 옹알이 같은, 분화하기 직전의 소리와 같은 것이 뒤엉켜 흘러나온다. 사랑일까, 우정일까, 그리움 혹은 외로움이 서성거리는 걸까? 아직 언어로 분화하기 전의 속소리 같기도 하다.

소라는 소리를 품고 있다. 그 소리는 나선형(螺旋形)의 맨 첨단에서 쏟아져 오는 것 같기도 하다. 귀를 대면 소라의 입이 귀 속에 잠들어 있던 소리들을 불러내는 것 같기도 하다.

소라 속에서 맴돌던 소리 중 가장 커다랗게 쏟아져 나온 소리가 '취라(吹螺)'의 것이다. 이 소리는 나팔소라의 빈 껍질로 만든 소라나팔에서 나온다. 우리나라 옛날 군대에서 군호를 전달할 때 가장 강력한 힘을 발휘했다. 가장 견고한 조직, 공동체를 움직이는 데도 소라의 소리가 활약한 것

이다.

소라는 가장 깊은 곳에서 서성이고 있을 법한 소리를 품고 있다. 또 가장 강력한 공동체라고 할 수 있는 군대를 일사분란하게 움직일 수 있는 위압적인 소리를 낼 수도 있다. 원뿔은 뾰족한 뿔, 투망과 같이 퍼지는 입구를 함께 가지고 있다. 그 사이를 가장 넓게 휘감아 도는 나선이 소라의 품을 만든다. 이런 아포리즘은 '나선형(螺旋形)'의 문화를 떠오르게 한다.

소라의 나선형은 우리의 DNA의 이중 나선구조에도 있다. 또 확장하면 우리 은하의 모습 역시 나선형을 이루고 있다. 인간의 DNA와 나선의 우주 사이에서 우리는 삶을 영위한다. 우리의 삶의 원천을 이루는 자연도, 문화도 나선형의 구조를 이루고 있을 것이라는 것이 이 글의 전제가 된다.

2. 의미의 장

나선형(螺旋形)의 모형을 기하학적으로 추상화하면 원뿔이 된다. 원뿔의 기하학적 모형은 삼각형이다. 이 삼각형의 세 꼭짓점에는 각각 시간, 공간, 인간이 놓인다. 이것을 현상학적으로 옮기면 의식, 세계, 주체가 된다. 현상학은 세 요소 중 주체를 선험적으로 주어진 것으로 본다. 문화의 측면에서는 어떤 것도 선험적으로 주어지지 않는다. 대부분이 사후적으로 주어진다.

나선의 첨단을 맨 위로 해서 의미의 망을 구성할 때 삼각형은 모두 셋으로 그릴 수 있다.

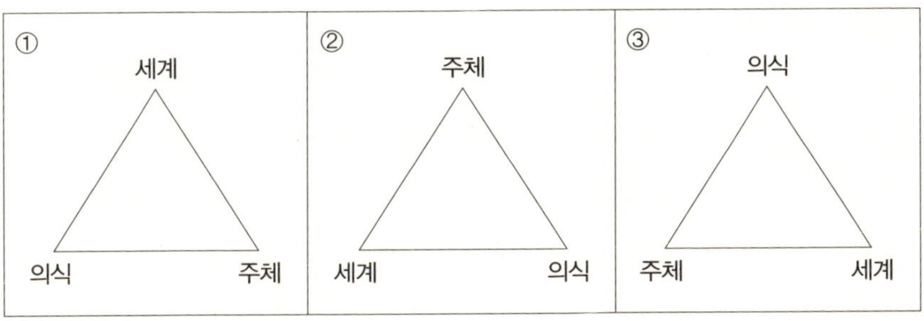

우리가 사유를 전개할 때 주로 사용하는 용어가 쌍으로 존재하는 것이 아니라 셋이다. 이를 대강 표로 정리하면 다음과 같다.

三才	틈/間	의미	관점	사유	쓰기	목표	학문
천(天)	공간	세계	객관	개념	설명	이해	역사
지(地)	시간	의식	직관	관념	표현	감동	문학
인(人)	인간	주제	주관	신념	논증	설득	철학

삼재(三才)는 우주와 세계를 이루는 세 가지 근본 요소이면서 변화의 동인을 가리킨다. 간(間)은 미지와 기지, 초월과 현존, 사(死)와 생(生)의 사이, 틈을 가리킨다. 이 세 요소의 사이(間)에서 의미가 모이고 흩어지는 장이 마련된다. 의미의 장을 이루는 세 요소는 세계, 의식, 주체다. 의미의 장을 이루어지는 행위, 사건을 바라보는 관점은 객관, 직관, 주관으로 구분할 수 있다. 사유와 행위에 방향/지향을 갖게 하는 언어적 벡터는 각각 개념, 관념, 신념으로 나눌 수 있다. 쓰기 행위는 이해를 목표로 하는 설명적 쓰기, 감동을 목표로 하는 표현적 쓰기, 설득을 목표로 하는 논증적 쓰기로 나눌 수 있다. 학문 분과로는 역사, 문학, 철학으로 구분할 수 있다.

하나의 꼭짓점이 미지의 영역을 개척하면서 새로운 언어를 의미의 장에 공급한다. 이때 다른 두 꼭짓점 사이로 세계에서 의미를 형성했던 언어들이 흔적을 남기면서 사라진다. 또한 동시에 사라진 단어들이 이 통로를 통해 의미의 장으로 들어와 새로운 이야기로 펼쳐진다. 나선의 첨단을 어떤 의미 요소가 차지하느냐에 따라서 의미의 장의 성격도 달라지고, 언어의 효과도 달라질 수밖에 없다.

이 꼭짓점이 삼차원으로 교차하면서 거의 구에 가까운 입체를 형성한다. 삼차원의 교차를 통해 삼각형은 회전력을 얻게 된다. 나선의 첨단은 추진력을 얻게 되어 더 깊은(높은) 곳의 언어까지 닿을 수 있다. 맞은편(소라의 입)은 더 넓어져서 더 많은 언어들을 의미의 장으로 건져올릴 수 있다. 또한 의미의 장을 형성했던 언어들을 더 넓은 기억 속으로 저장할 수 있다. 회전력을 통해 의미의 삼각형은 비로소 품을 품은 원뿔형으로 입체화 한다. 이 입체는 특정한 지향을 갖기 전에는 막무가내로 헤집는 날카로운 원뿔에 불과하다.

3. 스타일, 기술성, 윤리성

강력한 회전력을 획득한 원뿔에 지향을 주는 것이 스타일이다. 첨단에서 밑면의 원을 나선으로 연결하는 통로가 곧 스타일이다. 스타일은 원뿔의 뿔과 밑면의 원을 나선으로 연결함으로써 지향하는 힘, 곧 벡터를 획득한다. 이렇게 방향성을 획득한 스타일을 우리는 기술성이라고 부를 수 있다. 첨단의 굴착을 통한 언어의 심화와 고양, 밑변에 걸쳐 있는 플롯의 확장과 확대를 통해 문화(의미의 장)의 품이 커진다. 이때 스타일은 확장하는 힘은 '원심력' 으로 작용한다. 이것이 흩어지지 않고 최소한의 체계를 가지고 문화의 면모를 갖기 위해서는 그 이면에 '구심력' 을 작동시켜야 한다. 이때 작동하는 것이 곧 윤리성이다.

언어적 상상 속에서 문화의 구조는 나선형으로 구축되고, 그 작동 원리는 나선의 스프링으로 구현된다. 인간의 기술성을 논하는 자리에서 자주 호출되는 신은 프로메테우스와 에피메테우스다.

프로메테우스는 '선각자(先覺者)-미리 생각하는 사람' 이라는 뜻이다. 그는 알려진 대로 인간에게 신의 불과 기술을 가져다 주었다. 에피메테우스는 프로메테우스의 동생이다. 그는 '후각자(後覺者)-나중에 깨우친 사람' 이다. 그는 판도라의 남편으로 알려져 있다. 선각자라는 말은 흔히 사용하지만 '후각자' 라는 말은 쓰기조차 하지 않는다. 그는 나중에 '깨우친' 사람이지, 뒤늦게 후회하는 사람이 아니다.

앞만 내다보며 가는 프로메테우스에게는 책임이 따르지 않는다. 더구나 그는 제우스로부터 가혹한 형벌을 받았으므로, 불과 솜씨가 야기한 것들에 대한 공유와 책임은 온전히 인간의 몫으로 남겨졌다. 여기에 판도라의 상자에서 쏟아져 나온 나쁜 것들, 질병, 불행까지 모두 '후각자' 의 몫이 되었다. 판도라의 상자에서 나오지 않은 '희망' 은 프로메테우스의 것으로 남겨졌다.

프로메테우스의 선지(先知)와 판도라의 '호기심' 에 의해 야기된 것을 수습하고 책임지는 일이 모두 에피메테우스 곧 뒤늦게 깨달은 이들의 몫이 된 것이다. 에피메테우스와 판도라의 딸이 퓌라다. 그는 프로메테우스의 아들인 데우칼리온과 결혼하였다. 대홍수에서 살아남아 그리스인의 조상인 헬렌을 낳았다. 그리스신화에 의하면 인류는 퓌라와 데우칼리온으로부터 비롯된 것이다. 대책 없는 희망과 지나간 것들에 매달려 얻는 미련(未練)의 지혜를 인간은 호기심과 함께 물려받는다.

물론 이것은 이야기이다. 인간은 이렇듯 기억에 남아 있지 않은 과거의 것까지도 이야기를 통해 재구성할 수 있는 능력을 가지고 있다. 인간의 문화가 빅뱅에 가까운 확장을 이룰 수 있었던 것은 프로메테우스의 첨단의 기술력이 아니다. 에피메테우스로부터 물려받은 기억을 건져 올릴 수 있는 기술 능력, 그 기술로 촘촘하게 엮은 플롯이라는 의미망(網)이다. 프로메테우스에 의해 의미의 장으로 유입된 새로운 것들은 에피메테우스의 의미망에 흔적을 남기고 기억 속으로 흘러든다.

선지(先知)는 끊임없이 솟아나지만 그 양은 매우 한정적이다. 기억 속에 언어들이 쌓여감에 따라 선각보다는 후각(後覺)이 폭발적으로 문화의 장을 확대하는 데 절대적으로 기여하게 되었다. 취약한 생물학적 구조 탓에 기본적인 생존 조건을 갖추는 데 어떤 생물보다 오랜 시간이 소요되었다. 이때 후각(後覺)의 능력은 크게 쓸모가 없는 것처럼 보였다. 시간이 흐르면서 언어가 기억 속에 저장되기 시작하면서 의미의 그물망에는 갓 건져 올린 오래된 언어들이 가득했다. 이 기술은 맹수의 이빨이나 발톱에는 비할 수 없을 만한 엄청난 효과를 발휘했다. 이것을 빅뱅이라고 일컬을 수 있는 것은 인간이 문화를 꽃피운 것은 거의 순간에 가깝기 때문이다. 그리고 그 빛은 지구 역사 전 영역까지 밝혀주고 있을 정도다.

동양에서 공자(BC 551~479)가 나서 유가와 법가의 법통을 세우기 시작한 것이 기원전 500년 전후다. 유가의 법통은 맹자(BC 372~289)에게 이어졌다. 유가에 대한 반발에서 나온 법가는 한비자(BC 280~233)가 유가의 이념을 현실의 윤리(법)로 변곡하면서 법통을 이어 나갔다. 희랍에서는 소크라테스(BC 470~399), 플라톤(BC 429~347), 아리스토텔레스(BC 384~322)가 비슷한 시기에 서양 사유의 기반을 다졌다.

지구의 나이를 50억년으로 보고 이를 1년으로 가정하면 하루는 1천3백69만8천6백3십년이다. 1시간은 5백70만7천7백76년에 해당한다. 1분은 9만5천1백29년이고, 1초는 2,585년이다. 서양과 동양 모두 불과 1초 동안에 우주의 전 시기에 빛을 발할 수 있는 문화의 빛을 밝힌 것이다.

1) 스타일-나선형의 스프링

나선은 중심을 향해 굽어 들어가는 동시에 그로부터 굽어 멀어지는 부드러운 형태의 기하학적 곡선을 가리킨다. 우리 주위에서 가장 흔하게 볼

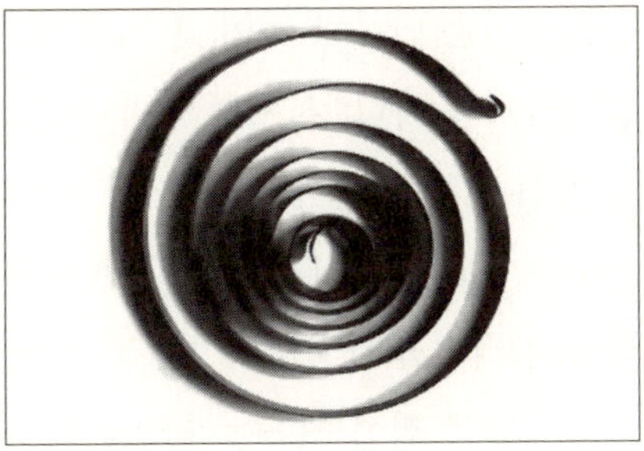

수 있는 나선은 태우는 모기향이다.

나선은 안으로 말려들어가면서 동시에 바깥으로 펼쳐진다. 가장 단순하면서 금세 복잡해 질 수 있고, 가장 복잡한 것도 금세 단순해질 수 있다. 반복성과 변화성을 동시에 지니고 있는 기하학적 곡선이다. 수많은 자연의 생명체들이 나선의 구조를 품고 있다. 인간의 DNA 역시 이러한 나선의 구조를 지니고 있다. 평면에 그려진 나선의 안쪽 끝과 바깥쪽 끝을 다른 방향으로 지향시키면 입체가 만들어진다. 이것이 나선의 스프링이다.

'스타일' 이라는 말은 패션스타일, 헤어스타일 같은 경우에 가장 대중적으로 쓴다. 스타일(Style)의 사전적 의미는 사물의 존재 양태나 사람의 행동에서 드러나는 독특한 방식을 일컫는다. 예술에서는 미술, 건축, 음악, 문학에서 특정한 유파나 시대에 나타나는 독특한 양식을 스타일이라고 한다. 문학에서는 문장 스타일이라는 말로 흔히 쓴다. 문학에서 스타일은 문체라는 말로 해석하기도 한다.

이러한 의미로 쓰는 스타일은 자체에 상반된 의미를 품고 있다. 이 말은 한 편에서는 오랜 시간이 지나면서 자연스럽게 정해진 방식을 가리킨다. 동시에 다른 한 편에서는 독특한 표현 양식을 일컫는다. 문체의 경우에는 작가의 개성을 표현하는 것이기도 하고, 공동체의 공통적인 특성을 드러내는 것이기도 하다. 그런가 하면 시대에 따라 다른 문체를 읽어낼 수도 있다.

스타일은 반복과 차이, 흔적과 연기를 함께 품고 있다. 개인과 공동체를 넘나들기도 하고, 시대를 드러내기도 한다. 기존의 모양, 꼴을 유지하면서 늘 새롭기 위해서 반복과 차이, 흔적과 연기, 개인과 공동체를 부드럽게 이어줄 수 있어야 한다. 반복과 변용을 동시에 품는 나선의 구조만큼 스타일을 효과적이고 효율성이 뛰어난 것도 없을 것이다.

스타일은 직선보다는 곡선에 어울리는 말이다. 휘어짐이 스타일을 만든다. 직선은 가장 기본적이고 확실한 기하학적 모형이다. 두께나 색으로, 선의 종류를 독특하게 해서 나타낼 수 있는 것은 매우 제한적이다. 주어진 직선을 살짝 휘기만 해도 얻을 수 있는 모양은 다채로워진다. 조금의 변화만 가해도 매번 새로운 움직임을 얻을 수 있다.

그러나 휘어지는 것으로 얻을 수 있는 것은 새로움뿐이다. 스타일이 가져야할 반복성을 얻기는 힘들다. 스타일은 반복성과 차이성이 동시에 작용할 때 얻을 수 있다. 항상성을 대표하는 것이 직선과 원이다. 직선이 차이를 유발하는 항상성이라면 원은 반복을 유발하는 항상성이다.

직선과 원의 결합이 나선이다. 원의 직선운동, 직선의 원운동이 나선이 품고 있는 지향성의 아포리즘이다. 나선의 역동성에 의해서 나선의 스타일은 프로메테우스와 에피메테우스를 가장 역동적으로, 그리고 커다란 품을 그리면서 이을 수 있다.

2) 기술성

'기술' 은 지향을 갖지 않는다. 언어적으로 기술은 '것' 이전에 존재하는 것이다. '~인 것', '~하는 것' 은 지향성이 없기 때문에 그 가치를 판단할 수도 없다. 무(無)로부터 채취한 언어들은 문화의 장에서 활약하다 기억 속으로 사라져 간다. 문화의 문(文)이 이러한 과정을 거친다. 화(化) 역시 비슷한 과정을 거친다.

기술은 자연으로부터 원재료를 얻는 것으로부터 출발한다. 임업 기술로 자연의 고무나무를 재배한다. 이것 역시 하나의 기술이지만, 고무나무를 키우는 데는 자연이 더 많은 작용을 한다. 고무나무에서 생고무를 채취하는 것에서부터 인간의 기술이 본격적으로 작동한다. 생고무가 밟게 될 이

력을 사진을 통해 따라가 본다.

우리가 가진 기술, 도구는 모두 명암(明暗)을 가지고 있다. 자동차의 바퀴로서의 역할을 다한 폐타이어는 그 지향에 따라서 다채롭게 변곡해 간다. 길을 달리던 타이어가 길을 만들기도 하고, 폐기된 쓰레기이면서 쓰레기를 담는 그릇이 되기도 한다. 또한 부둣가에서는 배를 보호하는 완충제 역할을 하기도 한다. 무엇보다 이채로운 것은 베트남에서 신발로 다시 태어난 폐타이어 슬리퍼다. 호치민은 평생 폐타이어 슬리퍼를 신었다고 한다.

기술은 그것을 발명한 사람이나 발견한 사람의 의도와는 전혀 무관하게 움직여 간다. '노벨' 은 하나의 예가 될 것이다. 그는 아주 좋은(?) 의도로 다이너마이트를 만들었다. 사람들의 노고를 덜 수 있게 되었다고 기뻐했을지도 모른다. 그는 분명 그것이 자연을 급속도로 파괴해 들어갈 것이라는 사실도 알고 있었을 것이다. 기술의 입장에서 여기까지는 그래도 인간적이라고 할 수 있다. 그런데 이것이 전투에 사용되면서 그 전에 벌어졌던 전쟁에서는 상상하기 어려울 정도로 많은 사상자를 내게 되었다. 그는 큰 돈을 벌었고, 노벨상을 제정했다. 자연을 파괴하고, 무기를 팔아 벌어들인 돈으로 평화상을 수여하는 것은 일종의 아이러니다.

기술 자체는 갓 채취한 생고무거나 타이어로서의 역할을 다한 폐타이어와 같다. 기술성은 방향, 가치 있는 지향을 갖게 된 기술을 일컫는다. 폐타이어가 재생타이어로 다시 타이어를 반복하는 것은 가장 원하지 않은 지향일 것이라고 본다. 길을 달리다가 길의 경계가 되는 것은 반전이다. 스스로 버려진 것이면서 다른 쓰레기를 매장하기 위한 벽이 되는 것은 달갑지 않은 일일 것이다. 부두에서 완충 작용을 하면서 배를 받아주는 것도 나쁘지 않은 것 같다. 아마도 최선의 것은 고향인 베트남에서 아이들의 신발이 되어 아이들과 함께 고무나무가 자라는 땅을 뛰는 것이 아닐까. 그러나 이것들 모두 '고무의 윤리' 는 아니다. 다만 인간들의 '해석의 문제' 일 뿐이다. 문화도, 윤리도, 기술도, 스타일도 모두 '해석' 의 문제와 관련되는 것이다.

고무는 기술이다. 이 기술에 방향, 가치있는 지향을 하도록 유도하는 것이 기술성이다. 기술성은 특정한 가치를 지향하게 된 기술의 속성이라고 할 수 있다. 프로메테우스와 에피메테우스 형제를 끌어와 기술성에 대해 논의를 펼치면서 휴 J. 실버만은 이렇게 말한다.

> 기술(technics)도 아니고 테크놀로지도 아닌 기술성은 그 자신의 자리가 없다. 에피메테우스의 선물은 흔히 무시되고, 간과되고, 멸시되는데, 그것은 테크놀로지와 무력한 지혜의 손에 모든 가치와 자금, 힘을 쥐어주기를 원하는 반(反)지성주의에 의해서이다. 아테나가 헤파이토스의 통제(권위 혹은 권력)하에 있는 한, 지혜는 판단을 수행할 수 없다. 지혜는 정의로부터 여전히 분리되어 있다.[17]

테크놀로지 자체에는 영혼이 없다. 사유나, 철학도 없다. 테크놀로지에 어떤 책임을 부과하는 것은 그래서 불가능하다. 기술의 한 편에는 '무력한 지혜' 라고 할 수 있는 프로메테우스가 자리하고 있다. 그를 '무력하다' 고 하는 것은 판단의 부재, 책임의 부재 때문이다. 그가 전해준 불이나 기술(technics)로 인해 인간이 품게 된 것은 '무모한 희망' 이다. 에피메테우스의 잊힘은 미래에 대한 막연한 희망으로 인간을 부추긴다.

---

17) 휴 J. 실버만, 「기술성의 아포리아와 우리 사이의 책임」, 『미학·예술학연구』 제32집, 한국미학예술학회, 2010, 175쪽.

인문학이 기술을 창안하는 것은 한계가 있다. 인문학은 자연으로부터 원재료를 거의 취하지 않기 때문이다. 인문학이 도달할 수 있는 고차원의 기술은 꽤 오래 전에 도달한 것은 아닌가 하는 생각이 든다. 인문학이 최고의 솜씨를 발휘할 수 있는 영역은 '쓰기' 이다. 성경, 불경, 코란을 넘어설 수 있는 쓰기가 가능할 것인가에 대한 물음에는 많은 사람들이 회의적으로 응답할 것이다. 플라톤의 저작, 논어·맹자에 버금가는 쓰기가 나올 수 있을지도 자신할 수 없는 실정이다.

우리가 자연으로부터 자율성을 획득하고, 신성을 향해가는 존재라는 것을 인문학이 뒷받침했던 시기도 있었다. 그러나 이제는 한계에 봉착한 것 같다. 문화를 선도하는 것이 '쓰기' 가 아니라는 것에는 대부분 동의할 것이다. 기술의 혁신적인 발전은 발전을 위한 발전에 머물 공산이 크다. 기술의 전파력은 세계를 아우르고 있으며, 그 전승력 역시 과학의 든든한 지원으로 어떤 것에 뒤지지 않는다. 기술은 매끄러운 표면에 차오르는 물과 같다. 아주 작은 홈으로도 강력한 흐름을 유도해 낼 수 있다.

기술적인 평등이 강화될수록 그 흐름을 유도하는 것은 좀 더 인문적일 필요가 있다. 기술은 의미 있는 움직임을 통해 기술성을 획득할 때 한 사람의, 한 시대의, 그 시대도 넘는 스타일이 될 수 있는 것이다.

3) 윤리성

기술에 방향을 제시할 때 그것은 윤리성에 입각해야 한다. 그러나 기술성을 획득하고 움직이는 것은 윤리에 입각하지 않는다. 문화의 윤리는 그 움직임이 흔적으로 남은 이후에 재정립된다. 문화 시대의 윤리는 그 유연성에서 기존의 윤리와는 현격한 차이가 있다.

전통 시대의 윤리는 사람들이 행동 이전에 자신의 움직임을 스스로 재단(裁斷)하게 만든다는 점에서 프로스쿠르테스의 침대와 닮은 점이 있다. 그리스 로마 신화에 나오는 이 도둑은 행인을 잡아다 침대보다 적으면 늘여서 죽이고, 침대보다 크면 잘라서 죽었다. 그리고 행인의 물건을 빼앗았다.

사람들은 어떤 행동을 하기 전에 규범 윤리의 견고한 잣대에 맞춰 스스로를 늘리거나 쳐냈다. 늘리거나 쳐내지 않고 행동으로 옮길 경우 윤리를 거스르는 것이 된다. 타인의 처벌이나 질책이 없더라도 스스로 자책하고 죄책감에 시달리는 처벌을 받는다. 프로스쿠르테스의 침대와 같은 규범 윤리는 주체의 존재 이전에 공동체에 선험적으로 주어진 것이었다.

그러나 문화시대의 윤리는 딱딱한 잣대가 아니다. 고무줄과 같이 유연한 잣대이다. 사람에 따라서 크기가 줄기도 하고, 늘어나기도 하는 침대여야 한다. 줄고 늘어나는 것이 자유로운 윤리성의 움직임은 직선의 원운동, 원의 직선운동인 나선형을 그린다.

최대의 지평까지 확장해 문화를 끝끝내 인간의 영역으로 잡아매고, 또 강하게 위축될 때는 문화적 재도약을 위한 동력을 응축하기도 한다. 문화의 윤리는 '어떤 것' 이나 '~하는 것' 이 '의미 있는 것', '의미 있는 일' 이 된 이후에 한 발 늦게 온 그림자처럼 따라 붙는다. 행위가 윤리에 의해서 행해지는 것이 아니라 거의 동시에, 그러나 아주 미세한 차이로 행위가 이루어진 이후에 윤리가 따른다.

서울 청계 광장에 세워진 '스프링' 이라는 작품이 있다. 이채로운 색을 타고 상승하는 나선형의 고동 모양이다. 작가는 "하늘로 솟아오르는 물과 샘의 원천, 흘러내리는 한복의 옷고름, 도자기에서 영감을 받았다"고 말한다. 또한 "스프링은 또 인간과 자연의 조화를 상징한다"고 말했다. 그러나 이와 같은 작가의 말은 작품을 통해 곧이곧대로 사람들에게 전달되지는 않는다. 탑의 색에 대해서, 형상에 대해서, 풍수와 관련하여 다양한 의견들이 제시되고 있다.

작가의 설명과 같이 역동적인 상승의 느낌을 우리는 받을 수 있다. 그런가 하면 아래로 강하게 펼쳐지는 이미지를 함께 포착할 수 있다. 원뿔의 꼭짓점은 송곳과 같이 미지의 영역을 파고들어 문화의 장에 새로운 언어를 원석으로 제공한다. 이 원뿔의 입구는 물고기를 잡기 위해 '쫙' 펼쳐지는 '투망(投網)'을 연상하게 한다. 강력하게 펼쳐지는 이미지도 함께 있다. 원뿔의 밑면인 원은 촘촘한 언어의 망으로 이루어져 있다. 이 망(網)에 언어들은 흔적을 남기며 기억 속으로 잠겨 든다. 우리는 언어 모두를 문화의 장에 담고 있을 필요가 없다. 필요할 때 그물망을 던져 건져 올리면 된다.

글래스 올덴버그 '스프링(Spring)3, 스테인레스 스틸, 알루미늄, 섬유강화플라스틱, 높이 20m, 2006, 서울 청계광장.

우리의 문화는 원뿔 꼭짓점의 파고듦과 원뿔 밑면의 펼쳐짐을 통해서 획기적으로 그 장을 넓혔다. 인간의 역사는 이 원뿔이 품을 키워온 것이라는 비유가 가능하다. 문화의 구조를 기하학적으로 나타내면 바로 원뿔모형이 될 것이다. 그리고 꼭짓점과 밑면을 잇는 다양한 연결선이 스타일이다. 그 스타일에 따라서 지향성을 갖게 된 것이 기술성이다. 움직임을 갖게 된 기술성의 이면에는 윤리성이 자리한다. 윤리성은 인간의 문화의 장에 최소한의 체계를 제공한다. 윤리성은 기술을 제어하고 감시하는 역할을 하는 것이 아니다. 때로는 부추기면서 좀 더 멀리까지 나아갈 수 있도록 뒤에서 잡아주는 손과 같은 역할을 한다.

원뿔에 스타일, 기술성, 윤리성이 서로의 이면으로, 서로의 다른 이름으로 작용할 때, 우리는 올덴버그의 스프링과 같은 모습의 거대한 문화의 장을 떠올려 볼 수 있을 것이다.

4. 문화 텍스트의 자가 발전 원리

아무리 강한 '순수성'으로 도약하더라도 그 힘만으로는 상징계를 뚫고 나갈 수 없다. 순수 욕망으로 도약한 주체가 상징계를 헤치고 가기 위해서는 상징계를 채우고 있는 언어를 포섭하지 않으면 안 된다. 상징계에서 언어를 포섭하는 대표적인 방식이 플롯이다. 직선으로 뚫고 오를 경우 최단거리라는 장점은 있지만, 순수 욕망과 접촉해 본 적이 없는 언어들은 금세 단단하게 뭉쳐 장벽으로 놓인다. 순수 욕망은 그 장벽에 막혀 상승을 멈춘 공처럼 다시 상상계로 낙하하지 않을 수 없게 된다.

시화된 언어로 유연해진 상징계의 언어를 휘저으면서, 그 에너지까지도 상승의 동력으로 삼기 위해서 순수 욕망은 직선이 아니라 최대한의 지평을 그리며 돌아나갈 필요가 있다. 그렇게 가장 커다랗게 그려진 원을 응축하면서 직선 운동을 감행하는 것이다. 원의 직선 운동, 직선의 원 운동을 통해 형성된 나선 운동으로 순수 욕망은 거대한 나선의 원뿔이 되어 상승을 감행하게 된다.

무조건 거대하다고 강하게 뚫고 오를 수 있는 것은 아니다. 다소의 일관성과 통일성을 지니고 있어야 언어적 논리를 가지고, 상징계의 언어와 소통할 수 있다. 그러나 일관성과 통일성이 하나의 서술전략으로 고정될 경우 그것은 상징계를 확장한 노고를 치하 받는 데서 그치고 만다. 이것은 그저 인지적인 기능만을 수행할 수 있을 뿐이다.

전략 자체마저 흐르게 하기 위해서, 그러면서도 하나의 뚫고 오르는 서술이 되기 위해서는 진동을 멈추지 않으면 안 된다. 그래서 이런 물음이 가능하다. "그렇게 해석하는 것이 뭔가 잘못된 것으로 〈보인다고〉 전제할 때, 만일 잘못된 무엇이 〈있다면〉 언어는 어떤 것이 되어야 하는가?" 여기에는 이런 답이 가능하다. "기초적인 단어들로 이루어져야 한다." 그 기초적인 단어들은 개념들에 의해 규정된 것, 규정으로부터의 용도에서 벗어나 어떤 특별한 '힘 force'를 가지고 있어야 한다.[18] 이 힘이 어떻게 발현되는가를 탐색할 필요가 있다.

문학 텍스트는 은폐, 조작, 가공에 매우 탁월한 능력을 발휘한다. 문학은 신화화와 탈신화화를 한 텍스트에서 시도하고 있다는 데서 더 크게 영향력을 발휘한다. 은폐와 폭로, 조작과 기술, 가공과 순정, 위선과 위악을 한 자리에서 실현할 수 있다.

> 그 자신이 '사회적 존재'로서 이 세계 속에서 살아가는 문학 텍스트가 결코 현실적 맥락으로부터 자립적인 '초월적 실체'가 아니라고 할 때, 우선 그것은 문화 체계를 구성하는 일련의 힘들이 서로 충돌하며 경쟁하는 그 어떤 '장소'로 간주될 수 있다. 말하자면 그것의 '삶(생산/유통/소비)'은 이 세계를 구성하는 각종 사회적·경제적·역사적 조건들과 역관계로부

18) 리처드 로티, 앞의 책, 219쪽.

> 터 결코 자유롭지 않다. 문학 텍스트가 종종 자유로운 것처럼 여겨지는 것은 그것이 이러한 영향들을 교묘하게 '은폐' 하고 상징적으로 '조작' 하며 예술적으로 '가공' 하기 때문이다.[19)]

스스로 상징계로부터 유폐를 감행한 텍스트는 현실적 맥락으로부터 자립한 초월적 실체처럼 연기할 수 있다. 문학 텍스트는 문화 체계의 일부임을 은폐하고, 언어를 가공해, 문화체계로부터의 독립을 조작할 수 있다. 그러면 문화체계를 이루고 있는 것들이 문학 텍스트를 사이에 두고 '서로 충돌하며 경쟁' 하게 된다. 자신의 체계로 문학을 포섭해 체계의 독립성을 확대시켜보려는 의도를 가지고 경쟁을 한다. 또 어떤 경우에는 문화로부터 배격당하지 않기 위해 문학 텍스트를 폭탄 돌리기로 다른 체계에 떠넘기는 경우도 있다. 문학텍스트는 기존의 견고한 체계들과의 사이에 무(無)적 장소가 됨으로써 다채로운 변곡을 가능하게 해준다.

텍스트가 가지고 있는 가장 강력한 서술의 힘은 단연 '플롯' 이다. 상징계를 점하고 있는 언어가 철학의 것이든, 문학의 것이든 상관없다. 어떤 언어도 플롯에 매달리지 않으면 한 순간도 상징계에 떠 있을 수 없기 때문이다. 원래 '내러티브' 는 신화의 것이었다.

> 프로메테우스는 단지 인간이 기술성, 공유, 책임으로부터 기술적인 어떤 것을 만들 것이라는 것을 전망할 수 있었을 뿐이다. 그러나 그는 인간은 인간일 수밖에 없음을 망각했다. 이것이 바로 연기이고, 그의 어리석

19) 김수환, 「텍스트 이론에서 문화시학으로-로트만이 '행위 시학' 방법론을 중심으로」, 『러시아어 문학연구논집』 제18집, 한국러시아문학회, 2005, 115쪽.

은 형제가 준 사후적인 것이다.[20]

플롯은 에피메테우스의 선물이다. 표현이 차이를 속성으로 갖는다면, 플롯은 연기와 반복을 속성으로 한다. 신화는 문화의 한 축에서 인간의 영역을 지탱하는 것이다. 인간과 신 사이에는 결코 건널 수 없는 경계로서 신화가 자리하고 있었다. 이 내러티브가 신화에서 인간의 사유로 전환되면서 인간은 후사유의 존재가 되었다.

인간은 헛된 희망을 품고 신의 선사유 영역에서 언젠가 도래할 신적인 것을 기다리고만 있지 않게 되었다. 이제 문화의 원천을 신의 영역이 아니라 상징계를 거쳐 기억으로 흘러간 경험의 더미에서 언제든지 잡아 올릴 수 있게 되었다. 플롯은 그 자체가 공동체의 언어이면서, 언어를 포획할 수 있는 일종의 그물망이다. 인간은 빈 몸으로 길을 나서도 이 플롯만 있으면 언제 어디서든 어떤 언어라도 포획해서 요리할 수 있게 된 것이다.

문학 작품은 문화의 박물관이 아니라 냉장고와 같은 역할을 한다. 문학 작품이 문화의 보편 저장고로서 가장 잘 기능하기 위해서는 역설적으로 '텅빔' 상태를 유지하고 있어야 한다. 그러면서도 문을 여는 사람의 욕망에 따라 금방 가득 채워지기 위해서는 특별한 구조를 지니고 있어야 한다.

> 언어 텍스트(/문학)의 수사적(/비유적) 성격이 인간의 사회적 행위, 그리고 그러한 행위들을 조정하는 문화적 장치(신화 혹은 이데올로기)들과 맺고 있는 불가분의 관련성은 의심할 바 없는 제1의 명제이다. 로트만의

20) 휴 J. 실버만, 같은 논문, 171쪽.

> 분석에서 문학은 이데올로기적 의미들을 위한 보편적 저장소이며 그것들의 선제적인 실현을 위한 척도로서 기능한다.[21]

문학은 이데올로기로 대표되는 문화적 담화를 떼어내 텍스트 전반에 저장한다. 상징계의 이데올로기 맥락에서 떨어져 나온 문화적 담화는 문학 텍스트의 저장소에서 재료로서의 원천성을 회복한다. 표현으로 대표되는 첨단의 시적 언어와 저변의 마스터 플롯 사이를 연결하는 새로운 연결통로로서 스타일이 지날 때, 난생 처음인 의미 맥락을 타고 늘상, 언제나 새로운 여행을 나서게 되는 것이다.

---

21) 김수환, 같은 논문, 127~8쪽.

문화 연구의 지향과
문화의 해석

문화 연구의 지향과 문화의 해석

1. 도입

우리는 궁금할 때 물음을 던진다. 답을 요구하는 물음도 있고, 또 다른 물음으로 끌어내기 위한 물음도 있다. 자연과학은 답을 구하는 물음을, 인문과학은 물음을 위한 물음을, 사회과학은 응답과 물음을 반반씩 놓고 시소를 탄다.

물음의 종류는 크게 여섯 가지로 나눈다. 영어의 약자를 가지고 흔히 5W1H라고 말하고 이것을 동양에서는 6하(何) 원칙이라고 말한다. 인간에 대한 물음에 국한하면, 존재에 대한 것은 'What'과 'Why'를 앞세운다. 인식의 방법은 물을 때는 'How'가 나선다. 그리고 의미의 장을 이루는 세 요소, 해석의 세 요소라고 할 수 있는 'When(시간), Where(공간), Who(인간)'가 있다. 요즘에는 How much나 How many 등이 대중적인 관심 속에서 부상하고 있다.

존재에 대한 물음에 크게 관심을 갖는 사람은 드물어졌다. 그런 물음에 특히 해체론자들은 'What if' 로 응수한다. 데리다의 what-if는 ① 만약 과거에 이러했더라면 현재 어떻게 되었을까? 에서 ② what if they do?(그렇다고 하더라도 무슨 상관이겠어?)로 펼쳐진다. 선험적인 것이 존재하지 않는다고 하더라도 그게 뭐 대단한 일인가. 무언가를 통해 우리가 궁극적인 진리를 발견할 수 있는 현존재가 아니라고 하더라도 뭐 대순가. 우리의 삶은 자기 동일성으로부터 떠오르지 않는다 하더라도 그게 뭐 대단한 일인가.

우주적 상수, 존재의 이상, 세계의 본질적 통일성을 이루는 요소가 없으면 뭐 어쨌다는 것인가. 있다고 하더라도 그것이 오늘에도 우리의 삶을 이끌어야 할 필요는 없지 않은가. 이러한 경쾌한(도발적) 회의를 통해서 기존의 우열관계를 위반하고 역전하면서 새로운 쓰기를 시도한다. 그동안 진리라고 여겨 '우등' 한 자리를 차지했던 것들을 '열등' 한 자리로 끌어내리면서, 이들의 관계가 역전이 되었을 때 현재는 어떻게 쓰여졌을까?라는 즐거운 가정을 통해 끊임없이 다시 쓰기를 시도한다.

'문화란 무엇인가?' '문화의 존재 이유, 문화 속에서 우리의 존재 이유는 무엇인가?' 라는 물음은 의미있는 답도, 흥미로운 물음도 유발하지 못한다. 겨우 '문화가 아닌 것은 무엇인가?' 라는 자조 섞인 물음 아닌 물음을 유발할 수 있다. 문화는 '모든 것' 이라고 해도 지나친 말이 아닌 시대를 우리는 살고 있다. 문화 연구의 지향이 전방위적일 수밖에 없는 것은 이러한 이유 때문이다.

2. 文과 化 아포리즘

사전에서는 '아포리즘'을 '신조, 원리, 진리 등을 간결하고 압축적인 형식으로 나타낸 짧은 글. 금언(金言), 격언(格言), 경구(警句), 잠언(箴言) 따위를 이른다.'고 풀이하고 있다. 아포리즘과 관련이 밀접한 '아포리아'는 '사물에 관하여 해결의 방도를 찾을 수 없는 난관이나 논리적 난점. 또는 해결이 곤란한 문제. 이 문제는 해결하지 못하는 것으로 버려지는 것이 아니라 다른 방법이나 관점에서 새로이 탐구하는 출발점이 된다.'로 풀이되어 있다. 이 말들이 사용된 예들로 함께 실려 있는 문장은 다음과 같다. 그 공책은 페이지마다 '예술은 길고 인생은 짧다'와 같은 아포리즘이 적혀 있었다. 소크라테스는 대화의 상대를 아포리아에 빠뜨려 무지를 자각하게 했다.

『장미의 이름으로』로 우리에게 잘 알려져 있는 움베르토 에코는 아포리즘(『움베르토 에코의 문학 강의』(열린책들, 2005)에 대해 이렇게 말한다.

> 아포리즘처럼 정의하기 어려운 것도 없다. 원래 그리스어 용어는 〈공물(供物)로 따로 놓아둔 물건〉이나 〈기부〉를 뜻하였는데 시간이 지남에 따라 〈정의, 명언, 간략한 경구〉를 의미하게 되었다. 예를 들면 히포크라테스의 아포리즘들이 그렇다. 따라서 『징가벨라 사전』에 의하면 아포리즘은 〈삶의 규범을 표현하는 짧은 경구나 철학적 명언〉을 의미한다.
>
> 그렇다면 아포리즘과 경구를 구별 짓는 것은 무엇인가? 간략함을 제외하면 아무것도 없다.
>
> 우리를 괴롭히는 것은 간단하기 때문에 위로하는 것도 간단하

다.(파스칼, 『팡세』, 브룅스비크판, 136)

내가 갖고 있지만 말로 요약할 수 없는 생각들은 모두 언어에서 나온다.(카를 크라우스, 『명언과 반론』)

〈중략〉

피티그릴리는 자신의 〈아포리즘의 효력〉을 비판하면서 그 이상을 말한다. 말하자면 여러 눈부신 아포리즘들은 그 효력을 상실하지 않으면서도 뒤집어 질 수 있다는 사실이다. 피티그릴 자신이 제공하는 몇 가지 뒤집기의 예를 보자.

많은 사람들이 부(富)를 경멸하지만 그로부터 자유로워지는 방법을 아는 사람은 거의 없다. ***많은 사람들이 부로부터 자유로워지는 방법을 알고 있지만 그것을 경멸하는 사람은 거의 없다.***

우리는 두려움 때문에 약속하고 희망 때문에 약속을 지킨다. ***우리는 희망 때문에 약속하고 두려움 때문에 약속을 지킨다.***

역사는 자유의 모험에 불과하다. ***자유는 역사의 모험에 불과하다.***

'언어가 멈출 때, 언어는 계속 한다.' 고 철학자 블랑쇼는 말한다. 이 모순이 아포리즘을 드러낸다. "언어는 침묵하지 않는다. 바로 침묵이 언어 속에서 말하기 때문이다."[22) 말을 하지 않고 있는 사람은 자기에게 말하고 있는 사람이다. 말을 하고 있는 사람은 자기에게는 말을 하고 있지 않는 사람인 것이다. 둘 중에서 더 진정성 있는 말, 진실한 말은 어떤 것인가? 타인을 향한 언어가 멈추는 자리에서, 자신을 향한 진실의 언어가 출발한다. 둘은 뫼비우스 띠처럼 연결된다. 우리는 역사의 흐름이나 시간의식의 흐름보다 좀 더 근원적으로 언어의 흐름 속에서 살아가게 된다. "한스 게오로그 가다머는 마치 진정한 대화를 나눌 때면 대화 당사자들 중 누구도 혼자 힘으로는 알지 못하던 새로운 세계가 펼쳐지는 것과 같은 이치라고 말한다."

문화는 한자로 '文化'라고 쓰고 영어로는 'Culture'라고 쓴다. 'Culture'는 라틴어 'cultura'에서 온 말이다. 이 말이 품고 있는 기본 의미는 보살핌(tending of something)이다. 'Culture'라는 말에는 '동물성'의 인간을, '신성'의 인간으로 성장하도록 돌본다는 뜻이 담겨 있다.

자연과 비자연은 인위(人爲, 人+爲=僞)의 유무로 가를 수 있다. 자연의 상대어로 가장 빈번하게 호출되는 것은 문화다. 문화는 인간의 '손길'이며 '말길'인 셈이다. 문화와 같은 맥락에서 쓰는 말이 '문명'이다. 두 말은 위상을 달리한다. 정신문화/물질문화, 정신문명/물질문명이라는 어휘를 배치해 보면 어떤 말이 더 자연스러운지 쉽게 알 수 있다.

> 독일어 '쿨투어'의 번역어인 '문화'는 서구에서 쿨투어가 프랑스의 '시빌리자옹'과 대립하고 있는 문맥을 그대로 반영한다. 즉 "문명은 물질문명, 문화는 정신문화라는 의미에서 항상 문화는 문명보다 높은 것이라는 사고", 바로 지금 우리에게도 친숙한 개념으로 전개 되었던 것이다.[23]

---

22) 모리스 블랑쇼, 『문학의 공간』, 그린비, 2010, 58쪽.
23) 야나부 아키라, 『한단어 사전, 문화』, 푸른 역사, 2013, 96쪽.

낭만주의가 독일에서 꽃핀 것은 이와 무관치 않다. 독일 전통은 천재의 활약을 매우 중시했다. 현실 너머, 현실을 초월한 어떤 것을 지향하는 것이 독일어 쿨투어에 담겨 있다. 그들에게 문명은 세속화된 문화에 지나지 않는다. 프랑스어 시빌리자옹은 시빌(civil)을 품고 있다. 문화가 삶에 침투하고, 그 일상이 문화를 통해서 형성되는 것이 프랑스의 문명 곧 시빌리자옹이다. 서구의 전통에서 볼 때, 문화에는 쿨투어와 시빌리자옹의 아포리즘이 담겨 있다.

'文'은 '무늬'를 상형한 말이다. 무늬는 인간의 추상적 의도를 담은 흔적을 일컫는다. 화살표나 이정표 등은 지표 언어다. 지표언어는 의도를 담고 있기는 하지만 추상적이라기보다는 구체적이다. 동물들이 자신의 영역을 표시하기 위해 나무를 긁어놓은 것은 무늬가 아니라 표시이다. 무늬는 반복성을 주요 속성으로 한다. 독일의 쿨투어는 이러한 최고차적으로 발현된 '인간의 무늬' 곧 언어적 문화에 집중한다.

'화(化)'는 변화를 가리키는 말이다. 변화는 물리적인 변화와 화학적인 변화로 나눌 수 있다. 테라코타는 시간이 지나면 원질료인 흙으로 돌아간다. 여기까지는 물리적인 변화다. 백자나 청자와 같은 자기는 아무리 시간이 지나도 원질료인 흙으로 돌아가지 않는다. 화학적인 변화가 일어난 것이다. 우리의 삶은 이 두 변화를 함께 동반한다.

객관적으로 측정이 가능한 자연계의 변화는 물리적인 것과 화학적인 것을 구분할 수 있다. 우리 삶에서 일어나는 두 변화는 스펙트럼처럼 펼쳐지기 때문에 구분 자체가 모호한 경우가 많다. 두 지점의 차이가 분명한데도 선에 의한 구분은 불가능하고 '강도'와 '밀도'의 차이에 의해 가늠할 수 있을 뿐이다.

복합과 융합은 사물과 사물의 관계에 초점을 맞춘다. 통섭은 주체가 사물들과 맺는 관계에서 이루어진다. 복합은 기존의 성질을 유지한 채 섞이는 것이고, 융합은 기존의 성질에서 벗어나 다른 상태로 변화하는 것이다. 반면 통섭은 복합, 융합, 융복합을 이룰 수 있는 주체의 능력과 관련된다.

3. 문화 텍스트의 이중적 리듬

문화와 관련된 다채로운 아포리즘은 다양한 이중적 리듬을 문화의 장에 만들어낸다. 이런 리듬들의 협화음, 불협화음을 통해 문화의 장은 확장하고, 심화·고양한다. 이런 이중적 리듬을 그래도 가장 판명하게 확인할 수 있는 텍스트는 문학 텍스트다.

현재가 입체로 확장하는 것은 현재의 사이성이 증가했다는 것을 의미한다. 현재는 채워지기 위해서 확장된 의미의 장이 아니다. 문화 텍스트들이 이중적 리듬을 통해 진동하면서 변곡할 수 있는 빈 공간이 요구된다. 확장한 사이성은 입체화된 현재 속에서 변곡할 수 있도록 하기 위한 빈 공간의 확장이다. 문화 텍스트는 아포리즘을 바탕으로 이중적 리듬을 스스로 만들어내면서, 마치 다른 곳에서 오는 것처럼 그 이중적 리듬을 탄다.

문화 텍스트가 발산하면서, 타는 이중적 리듬은 나무를 닮았다. 뿌리의 리듬은 문학적 과거를 구성하면서 기억을 끌어올린다. 가지의 리듬은 거대한 허공에 글을 쓰는 것처럼 담론의 정체성을 쉬지 않고 비판한다.

> "구심력적인 구성"과 이 구성에 대한 "원심력적인 비판"을 반복한다. 이런 점에서 문학사가 봉착한 최근의 위기는 끊임없이 지속해야 할 비판적 해석 작업이 잠시 중단됐거나 정체됐음을 의미한다. 문학사는 담론의

질서와 체계를 확립하는 기능에서 완전히 벗어날 수 없기 때문에 일치와 수렴을 원칙으로 삼지만, 적어도 자기 성찰적인 문학사는 기존 담론의 질서를 해체하고 비판적인 해석을 포기할 수 없다.[24)]

뿌리가 지닌 구심력의 힘과 가지가 지니고 있는 원심력의 힘이 영향을 주고받는다면 이중적인 리듬이라고 할 수 없다. 뿌리와 줄기 사이에 가로 놓인 근원줄기와 흉고줄기 사이의 원줄기는 둘을 이으면서 분리하는 작용을 동시에 수행한다. 뿌리와 원줄기가 만들어내는 리듬은 각자의 영역을 흔들 뿐 둘의 영역까지 울리지는 않는다. 이 리듬은 그러나 완전히 분리된 것이 아니라 바위같이 단단한 나무의 줄기 위를 타고 흐르는 물관부, 수관부를 타고 다른 영역으로 건넌다. 그것이 나무를 흔드는 두 번째의 이중 리듬이다.

텍스트의 물관부와 수관부에 해당하는 것이 바로 플롯이다. 의미가 있는 '행동'은 전후를 갖는다. 그 행동에 전후를 이어 달아 의미를 만들어내는 것이 곧 해석의 정신이라고 할 수 있다. '정신'이란 일종의 재주, 성향, 능력, 취향, 습관 등을 탐지하고 그것을 나타낸다. 정신은 행위나 사물이 아니다. 그것은 물관부나 수관부처럼 어떤 행위나 사물 속에서 스스로를 표현하는 조직된 성향의 체계를 따라 흐른다. 이러한 정신은 문화의 한 편을 담당한다. 이런 조직된 성향의 체계에 의미를 의탁함으로써 인간은 공동체 생활이 가능해진다.[25)]

---

24) 라영균, 「포스트모더니즘의 역사 기술과 문학사 기술」, 『외국문학연구』 제37집, 한국외국어대학교 외국문학연구소, 2010, 117쪽.
25) 클리퍼드 기어츠(2012), 같은 책, 40쪽.

자연 존재로서 인간은 자궁에서 비롯되어 무덤에 이르는 존재이다. 우리의 육체가 비롯된 자궁이 있다. 자궁과 무덤 사이에서 사람들은 문화적 공동체를 이루며 살아간다. 인간이 만든 문화를 통해 사람들은 새로 태어난다. 문화는 일종의 '인공자궁' 인 셈이다. 현존재는 모두 이 문화의 자궁에서 끊임없이 새로 태어난다. 그리고 수열, 존재의 변형으로 나타나는 '매트릭스' 가 있다. 영화 제목으로도 유명한 이 말은 '기계자궁' 혹은 '기술자궁' 으로 옮길 수 있다. 이 자궁에서 태어나는 것이 '아바타' 다. 매트릭스는 현존재와 아바타를 구분하는 벽이자, 아바타가 현존재, 현존재가 아바타로 변이할 수 있는 자궁이자, 통로이다.

인간이 육체의 자궁에 만족하지 않고 문화의 자궁, 기술 자궁을 구축한 것은 생존에 필요한 능력이 절대 부족했던 덕분이다. 하등 존재일수록 자신에게 필요한 생존의 정보들이 몸에 빼곡하게 들어차 있다. 환경에 대해서 새로 배우거나 적응할 필요가 없이 몸이 움직이고 반응한 대로 살아갈 수 있다.

> 새들은 나는 것을 배우기 전에 풍등을 만들어 항공 역학의 원리를 실험할 필요가 없다. 이미 "알고 있기" 때문이다. 인간의 "특이성"은 흔히 인간이 얼마나 많이 그리고 얼마나 많은 종류의 것들을 배울 수 있는가로 나타내어졌다.[26)]

결국 우리를 움직이게 하고 발명하게 하는 것은 꽉 채워진 사유가 아니

26) 기어츠(2012), 같은 책, 103쪽.

라 텅 빈 허무다. 이 비어있음에 대한 허무가 인간에게는 가장 큰 자극인 셈이다. 채워지는 것보다 훨씬 더 빠른 속도로 비워지는 것이 팽창하는 우주의 속성이다. 인간이 우주의 빅뱅을 닮은 문화적 폭발을 이루어 낼 때, 그 방식은 우주의 그것과 다르지 않을 것이다. 우리는 "비록 대단히 우연한 것이기는 했지만, 정말 문자 그대로 스스로를 창조했다."[27)]

문화는 우리의 삶과 직결되어 있다. 그러니까 문화의 시간은 역사의 시간과 그 지향성을 달리할 뿐만 아니라 선적(linear)이지도 않다.

> 문화의 기원을 찾는 것은 단순히 현재로부터 역행하면서 역사적 사실을 해석해 가는 것이 아니다. 그리고 오늘날 이루어지고 있는 태고의 유적이나 현존하고 있는 원시민족의 행동 양식에 대한 경솔한 해석이나 그럴 듯하게 꾸민 설명은 상당히 의문스러운 것이다. 왜냐하면 그것은 출발점이 잘못 되었기 때문이다.[28)]

문화의 기원은 살아 움직이는 '지금여기' 이다. 오늘날의 삶에 어떤 의미를 줄 수 있어야 태고의 유적도 진정한 유물일 수 있다. 우리의 문화는 그곳에서 기원한 것이 아니다. 기어츠의 '문화결정론' 의 진정한 의미는 당시의 것은 당시의 눈으로, 그 장소의 것은 그 장소의 관점에 의해 가치가 부여되어야 한다는 것에 머물지 않는다. 그것은 자연에 가깝지 우리가 굳이 '문화' 라고 할 필요가 없기 때문이다.

---

27) 기어츠(2012), 같은 책, 68쪽.
28) 박만준, 「문화의 기원-겔렌의 문화이론을 중심으로」, 『대동철학』 제11집, 대동철학회, 2000, 96쪽.

문화는 대상과 주체의 시선 사이에 순간적으로 결정되고 해체되는 거의 모든 의미라고 할 수 있다. 그린 블라트가 텍스트 해석에서 중요하게 여기는 것도 현재적 관점과 경험이다.

> 텍스트를 읽는 현재의 관점이 텍스트에 역사적 의미를 부여함과 동시에, 그러한 의미의 부여 과정 자체가 다시 텍스트화될 수 있기 때문이다. 그러므로 그의 문학 비평은 전통적 문학사가 말살해 온 텍스트 구성 행위를 텍스트 해독이 전면에 내세우면서, 과거는 물론이고 현재마저 역사화하려는 시도라 할 수 있다.[29]

기어츠는 문화를 "상상적 행위 혹은 상징적 행위의 다발"로 이루어진 '만들어 낸 의미의 조직', '의미와 상징의 체계"로 보았다. 기어츠에게 문화는 곧 언어를 의미한다. 문화는 인간이 만들어낸 의미의 다발인 것이다. 비슷한 맥락에서 바르트는 인간을 문화의 주체로 삼고, 인간을 '의미를 만들어내는 인간"이라 칭했다.

4. 문화의 해석, 해석의 문화

일곱색깔 무지개는 일종의 코드화된 무지개다. 문화에 따라서 삼색 무

---

29) 임병철, 「문학과 역사의 세계에 날아든 녹색탄환, 스티븐 그린블랏」, 『역사와 문화』 제12집, 문화사학회, 2006, 248쪽.

지개, 오색 무지개로 부른다. 하나의 색으로 무지개를 인식하는 사람들도 있다. 무지개는 사실상 색과 색의 경계가 없는 연속체이다. 시간 역시 마찬가지이다. 시간을 흔히 강에 비유하는 것은 '흐른다'는 유사성 때문이다. 그럼에도 우리는 과거, 현재, 미래로 구분한다.

그렇다면 시간은 어떻게 흐르는 것일까? 시간의 흐름을 과거→현재→미래로 보는 사람들이 있다. 시간의 샘은 과거에 있는 셈이다. 반대로 미래→현재→과거로 흐른다고 보는 사람들도 있다. 앞의 것은 낭만주의자들의 시간관이다. 시간의 원천을 미래로 삼는 것은 리얼리스트의 관점이다. 이들에게는 결코 실제로는 이루어질 수 없는 이상적 현실을 유토피아로 설정한다. 이 유토피아는 글자 그대로 미래(未來)하는 것이다. 그리고 프로메테우스적인 희망을 품고 진취적으로 나아간다.

문학, 특히 서정시의 시간과 문화의 시간은 또 다른 관점을 지닌다. 과거→현재←미래로 흐르는 시간과 과거←현재→미래로 흐르는 시간이 있다. 앞의 것은 과거의 기억과 미래의 기대까지 현재에 수렴하는 시적 현재를 가리킨다. 서정시를 순간의 미학이라고 하는 것은 이러한 시간의 수축, 수렴과 깊은 관련이 있다. 현재를 중심에 두고 과거의 시간과 미래의 시간을 능동적으로 구성, 재구성하는 시간이 있다. 현재에서 샘 솟는 시간은 과거와 미래로 동시에 흘러가 현재의 지평, 의미의 장을 확장시킨다. 이렇게 시간을 보는 것은 문화의 시간관이다.

문학은 특정한 시간, 공간에서 사건, 사태, 정서적 반응을 포착한다. 언어를 사건이나 사태를 기록하는 수단으로 사용하면 문학의 언어적 긴장은 현격하게 떨어진다. 반대로 어떤 사태나 사건이 언어의 다른 본성을 깨우는 수단으로 작용하는 경우가 있다. 이때 봉인되어 있던 언어의 본질이 깨어나면서 텍스트를 이루는 언어와 팽팽하게 맞서게 된다. 사건, 사태의 전달이 아니라 깨어난 언어 자체가 목적이 된다.

문학적으로 텍스트를 분석할 경우, 우리는 텍스트를 모든 것을 받아들여 새롭게 구성하고 이를 통해 하나의 완성체를 지향하는 것으로 본다. 이와 달리 문화적으로 텍스트를 분석할 경우, 다양한 텍스트는 문화라는 거대한 신체를 이루는 부분이라는 것을 받아들인다. 문학도 역사도 철학도 영화나 드라마도 모두 우리 몸의 기관처럼 어느 것 하나 소홀하게 다룰 수 없는 '신체'의 위상을 갖는다. 한층 중요한 것은 이것들이 하나의 기관으로써 이루게 될 문화적인 신체에서 어떻게 기능하게 될 것인가로 나아가야 한다는 것이다.

문화 연구는 우리의 행위들 즉 언어로 옮겨질 수 있는 행위들의 상호 연결성을 긍정적인 측면에서 고찰한다. 우리의 행위는 문화 속에 얽혀 있는 실제들의 관계망과 긴밀하게 연결되어 있다. 따라서 다른 것과 함께 고려할 때 의미 없는 행동이란 없다.

의미를 탐색하는 과정에서 우리는 객관성을 유지할 수 없다는 것을 인정해야 한다. 그것은 우리의 탐색 도구가 객관성을 유지할 수 없는 '언어'이기 때문이다. 문화에 권력을 부여하고 문화를 형성하는 권력들, 담론들은 언어적으로 복잡하게 얽혀 있다.

이것에 대한 고찰을 통해 어떤 담론도 절대적 진실에 이르는 길을 드러내지 못한다는 것을 우리 스스로 인정해야 문화 연구를 진행할 수 있다. 그것은 독자에게는 긍정적으로 작용할 수 있다. 독자들은 어떤 권위를 자랑하는 학자의 분석이라고 하더라도 그것은 '하나의 읽기'라는 점을 놓치지 않아야 한다. 독자들은 이것을 발판으로 자신감을 가지고 우리의 세계 혹은 텍스트의 해석에 새로 나설 수 있게 되는 것이다.

언어를 분석의 수단이자 해석의 목적으로 삼는 문화 연구는 해석과 분석을 통해 인간과 문화의 심급에 자리하고 있을 가능성으로서의 리얼리티(Reality)가 어떤 은유적인 과정을 통해 텍스트에 드러나는지에 주목한다. 그리고 이것이 다시 삶을 관통하여 우리의 행위로 이어지는 과정을 탐색하는 것을 텍스트의 해석과 분석의 목표로 삼는다. 텍스트에 대한 실제적인 분석을 통해서 비평가들은 텍스트에 반영되어 있는 세계뿐만 아니라 우리에게 작동하고 있는 현재의 사회적·문화적 권력들도 밝혀질 것으로 확신한다.

5. 문화 연구의 지향

문화 해석에 학문적으로 접근하는 방법은 문화가 언어로 이루어졌다는 것을 전제로 삼고 있다. 문화에 대한 언어적 성찰과 관련해서 가장 주목할 수 있는 조류는 '문화시학'이다. 시학에 대한 범박한 이해를 바탕으로 문화시학을 '시적'으로 바라보는 관점은 바로 잡아야 한다. 시를 분석하고 해석하듯이 문화를 해석한다는 식의 발언은 '시학'에 대해 전혀 전무한 이들이나 가능한 것이다.

시학은 엄밀성을 지향하는 학문이다. 시학은 시에 대한 학문이 아니라 시적 언어, 넓게는 예술 언어와 관련된 학문이다. 예술언어를 대상으로 삼는다고 할 수 없는 것은 예술 언어 자체가 모호하기 때문이다. 즉 예술 언어라고 하는 것은 그 형태에서는 일상의 언어와 구분이 되지 않는다. 일상언어가 대상과의 일대일의 대응을 지향한다면, 예술 언어는 그 대상이 규정할 수 없는, 포착하기 힘든 에너지, 이미지 상태로 존재한다. 비존재의 언어를 대상으로 삼고 있기 때문에 시학은 여전히 반(半)학문인 셈이다.

그러나 시학은 미학이 다루는 예술처럼 종잡을 수 없는 미적 체험을 대상으로 하지 않는다. '시적 언어' 라는 구체의 대상이 있다. 시학은 일상언어가 시적언어, 예술의 언어로 거듭나는 지점 혹은 원리, 과정을 탐색하는 학문이다. 이미지, 에너지가 어떻게 표상되어 구체의 언어가 되는가, 혹은 구체의 언어를 통해 어떻게 표상하는가를 탐색한다. 표상된 언어는 과도하게 선명하지만 표상되기 이전의 이미지는 애매모호하기 때문에 반 이상의 학문이 되는 것은 쉽지 않다.

언어를 대상으로 한 학문 중에서 학문적 엄밀성이 단연 높은 것은 언어학이다. 언어를 객관적 실체로 보고, 관념어나 이념어가 아닌 개념어를 대상으로 삼는 학문이 언어학이다. 언어의 효과에 주목하는 학문은 수사학이다. 언어의 이념성, 다시 말해 행동을 유발하는 언어의 효과에 주목하는 학문은 수사학이다. 수사학은 객관적 실체보다는 맥락의 중요성, 주체의 주관성이 가미된다는 점에서 소위 과학으로서 학문적 엄밀성은 언어학에 미치지 못한다.

문화시학은 '이미지', '에너지'의 자리에 구체적인 사건, 현상을 놓을 수 있다는 점에서 시학보다 학문적 엄밀성을 획득할 여지가 크다. 문화시학은 일상의 언어가 어떤 과정을 통해 문화의 언어로 변모하는지를 탐색하는 학문이라고 규정할 수 있다. 언어의 변곡점, 위상이 변화하는 영도(零度)의 선을 탐색한다. 언어가 가장 큰 진폭의 변곡을 감행할 수 있는 의미의 장을 펼쳐줄 수 있는 것은 단연 서정 텍스트이다. 따라서 문화시학이 우선 탐색의 대상으로 삼는 텍스트는 서정시다.

언어의 변곡점을 탐색할 때는 기존의 이분법, 혹은 변증법을 넘어설 필요가 있다. 문화의 기층이자 저변이면서 가장 고도의 문화를 이루고 있는 것은 언어이다. 언어는 주체와 대상처럼 긴장의 관계를 통해서 지향성을 획득하는 것이 아니라 '직조(texture)'에 의해서 짜진다. 그런데 수놓고 짜는 것은 주체가 아니라 언어 스스로다. 주체 역시 대상과 마찬가지로 직물 위에 수놓인 사건이나 사태일 뿐이다. 그러므로 언어의 변증법은 기존의 변증법과는 다른 마주봄과 지향이 필요하다. 새로운 변증법의 가능성을 블랑쇼는 다음과 같이 말한다.

> 결코 '이것 또는 저것'이라는 단순한 논리도 아니고, 변증법적이거나 강박적으로 언제나 서로 긍정하는 데에서 끝나는 '둘 모두'(위험스럽지 않은 모순대립)이라는 것도 아니다. 모든 이분법, 모든 이원주의(둘의 대립, 또는 – 설사 둘 모두가 불가능하기에 '둘 모두' 괜찮다는 것일지라도 둘 모두 가능하다는 것)는 사유를 교환이 편리한 곳으로 이끈다. 계산이 이루어진 것이다. 에로스 타나토스, 이 두 힘의 경우도 마찬가지이다. 하나가 지배하는 것이다. 분할은 충분하지 못하며, 완성되지 못한 변증법이다. 죽음을 향한 그 충동(pulsion)은 없으며, 죽음의 격동은 단일성으로부터 뽑혀 나오는 것이다.[30)]

이 인용문은 새로운 단일성의 가능성을 개시하면서 동시에 다수로 바로 이행해 버린다. 새로운 단일성은 토러스와 같은 원환체가 아니다. 이것은 뫼비우스 띠와 같이 한 번의 움직임으로 전면을 탐색할 수 있는 새로운 단일성이다. 죽음의 격동은 그 자체의 충동 때문이 아니라 삶에 떠밀린 것이다. 생의 약동은 그 자체의 능동성이 아니라 죽음에 의해 촉발된 수동적인

30) 모리스 블랑쇼, 『카오스의 글쓰기』, 그린비, 2012.

약동이다. 생동하는 약동을 지배하는 것은 죽음이라는 하나이며, 죽음을 충동질하는 것은 삶이라는 하나이다. 이 특별한 단일성인 뫼비우스의 띠를 따라 둘로 가르면, 두 쪽으로 갈라지는 것이 아니라 네 번 꼬인 뫼비우스 띠가 된다. 말 그대로 날뛰는 다수가 되는 것이다.

문화와 관련된 논의는 하나의 학파로 정리하는 것이 매우 힘들다. 말 그대로 '날뛰는 다수'이다. 그럼에도 불구하고 '분석과 해석' '설명과 이해'의 지향과 변증법을 통해 몇 가지 유형으로 분류해 볼 수 있다. 폴 리쾨르의 해석학은 설명과 이해의 변증법으로 요약할 수 있다.

설명은 대상을 나의 언어로 번역할 수 있다는 것이고, 이해는 대상의 언어로 말할 수 있게 되었다는 것을 의미한다. 이 둘의 변증법에서 설명을 정(正)항으로 삼고, 이해를 부정(不正)항으로 삼아 지향하면 분석으로 들어설 수 있다. 반대로 이해를 정(正)항으로 삼고, 설명을 부정(不正)항으로 삼으면 해석 작업으로 이행할 수 있다. 해석을 위해서는 이 두 변증법의 지향이 함께 이루어져야 한다.

분석이 이루어지면 이를 토대로 해석을 한다는 것은 다분히 기계적인 발상이다. 분석은 해석의 기초 작업이 아니다. 분석을 토대로 해석이 이루어지지 않으며, 해석은 분석에 의해서 추동되지도 않는다. 둘은 각자이지만 변증법적 지향을 통해 새로운 설명과 이해에 닿는다. 분석이 정(正)의 항에 놓일 때 비평은 새로운 설명을 가능하게 한다. 반면 해석을 정(正)의 항으로 삼으면 비평은 새로운 이해를 수반하게 된다. 해석학의 변증법적 지향을 통해 문화와 관련된 제반 방법론을 표로 정리하면 다음과 같다.

	분석	해석
설명	역사시학	신역사주의
이해	문화유물론	문화시학

신비평은 아예 관심이 없어서 역사를 배경으로 둔다. 반면 역사적 사실은 문학에게 거의 '선험적'으로 주어진 배경이어야 한다고 역사주의자들은 말한다. 그러니 문학은 굳이 다룰 필요가 없는 것이다. 둘은 전혀 다른 강도에서 역사적 사실을 문학의 후경(後景)으로 혹은 부차적인 것으로 놓는다.

그러나 신역사주의는 역사주의와 신비평에 대한 직접적인 반대에서 비롯되었다고 보기는 힘들다. 이 말이 문학 비평에 공식적으로 등장한 것인 1980년대에 들어서이다. 이때 문학비평의 주류는 신비평도, 더더구나 역사전기비평도 아니었기 때문이다. 신역사주의 비평이 실질적으로 겨냥한 것은 해체주의 비평이다. 이 점만을 강조하는 이들은 신역사주의를 고전역사주의의 부활로 보기도 한다. 이 점은 신역사주의의 한계를 논할 때 언제나 앞자리에서 다뤄지는 것이기도 하다.

신역사주의의 다른 한 조류는 영국을 중심으로 전개된 '문화유물론'에 대한 논의이다. 이들은 문화의 정신적 측면보다는 물질적 측면이 강조된다고 본다. 즉 나는 '문화인'이라고 말할 때 현재 문화인의 시금석은 미술관에 전시된 작품 감상 능력이 아니라 고급 백화점에 전시된 상품의 소유능력이라고 말한다. 이것이 현대사회가 지닌 모순의 핵심에 자리하고 있다는 것이다. 소위 오늘날 문화라고 하는 것은 부르주아에 의해 만들어진 사회적 · 정신적 신화에 불과하다고 말한다. 문화유물론은 다분히 사회적이고 정치적인 측면이 강하다.

문화적 플롯의 메타성은 서사에 대한 서사를 넘어선다.

> 메타서사는 일차 사료가 역사적 사실로 변형될 때 거대담론을 구성하는 준거 틀로서 기능한다. 포스트모더니즘이 문제 삼는 것이 바로 역사

> 적 선험성과 객관성을 보증하는 메타서사의 신빙성이다. 그린블랏은 메타서사를 긍정하느냐 부정하느냐가 바로 역사주의와 신역사주의가 구분하는 기본이라고 주장한다. 전통적인 역사서술과 역사 해석은, 생성, 연속성, 전체화와 같은 원칙을 근거로 역사적 연관성을 찾는 데 주력하지만, 포스트모더니즘적 역사학은 이를 전적으로 해체하거나 거부한다.[31]

문화적 플롯의 메타성은 단순히 감싼다는 의미를 넘어선다. 벗겨내면서 감싸는 확장성이 문화 플롯의 메타성이 지닌 속성이다.

(1) 역사시학

역사를 지칭하는 history에서 '스토리성'을 강조한 이는 해석학자 리쾨르다. 역사가 사실이나 재현의 역사가 아니라 쓰인 역사라는 것을 부정할 수 있는 사람을 이제 찾아보기 힘들게 되었다. 그런데 여기에서 한 발 나아가 history를 his story로 보는 견해가 있다. 일군의 페미니스트들은 history를 남성의 이야기로 규정하고 이에 상대되는 역사로 herstory를 주창한다. 또 역사의 사실성이나 재현성을 일종의 불가능성으로 간주하는 문화시학자 중에서는 history를 hi-story로 끊어 읽는 이도 있다. 역사는 하나의 놀이터가 된 셈이다.

포스트모더니즘적으로 역사를 만나는 입장 중에서 가장 진지한 것은 역사시학이다. 화이트는 메타역사로서 역사시학을 주창한다.

31) 라영균, 같은 논문, 114쪽.

> 모든 역사 기술은 이야기를 구조화하는 계기로서 역사철학을 내포한다. 하지만 이것은 철학적 추상화와 담론을 통해서 구체화되지 않고 문학적, 수사학적 형상화 속에 존재한다는 것이 핵심이다. 그는 "역사적 상상력의 심층 구조"라 불리는 역사 텍스트의 표현 방식을 근거로 역사는 사실이 아니라 고안된 것이며, 학문이라기보다는 문학에 가깝다는 결론을 내린다. 이런 점에서 화이트의 '역사시학'은 비문학텍스트도 문학텍스트처럼 서사적 구성을 가지고 있으며, 미적 원천을 따른다는 포스트모더니즘 역사학의 근본 입장을 대변하고 있다.[32]

여기에서 주목할 것은 메타 역사로서 역사 기술이 '서사적 구성'을 가지고 있다는 점이다. 서사적 구성은 역사를 기술하는 역사가의 개인적인 차원에서 채택될 수 있는 것이 아니다. 서사적 구성은 일종의 플롯인데, 이 플롯이 바로 공동체 언어의 진수에 해당한다. 역사 시학의 탐구 대상은 역사가가 다룬 역사적인 사실이 아니라 그 사실을 담아내는 '상상력의 심층 구조' 즉 플롯이라고 할 수 있다. 그러나 역사시학은 역사 텍스트를 문학 텍스트로 규정하지 않는다. 반대로 문학 텍스트도 역사 텍스트의 일종으로 간주한다. 문학이 정(正)항이 아니라 역사가 정(正)항 이라는 점에서 역사 시학은 문학의 영역이 아니라 역사의 영역에서의 일이다. 따라서 역사는 학문이라기보다는 문학에 가깝다는 결론을 내리면서도 가장 과학적인 방법에 의해서 객관적 사실에 근접한 내용을 설명하려고 노력한다.

32) 라영균, 같은 논문, 116쪽.

(2) 신역사주의

신역사주의의 태두라고 할 수 있는 그린 블라트는 이론을 주창하면서 '역사의 텍스트성, 텍스트의 역사성' 이라는 아포리즘을 전면에 내세운다. '역사의 텍스트성' 은 역사시학의 입장, 텍스트의 역사성은 문화 유물론의 입장과 상통한다. 그린 블라트는 둘을 동시에 수용하면서 문화시학이라고 명명하기도 한다. 그린 블라트의 핵심에는 '역사' 가 자리한다는 것을 부정할 수 없다. 여기에 포장만 문화시학이라고 씌우는 것은 자신의 학문적 정체성에도, 문화시학이라는 '언어' 에도 긍정적으로 작용하지 못한다.

신역사주의의 핵심 주장은 텍스트의 의미와 가치가 사회적 문화적 배경으로부터 독립된 존재가 아니다. 주어진 사회 구조 속에서 생산, 협상, 순환하는 과정에서 결정된다는 것이다. 그 논리적 근거로 드는 것은 다음과 같다.

> 그 첫 번째 논리적 근거는 위에서 언급한 것처럼 텍스트와 권력을 분리할 수 없는 동일한 체계 속에서 상호작용하면서 존재하고 영향을 미치고 있다는 논리적 근거를 제시한다. 두 번째 논리적 근거는 하나의 역사의 장 속에 존재하는 텍스트는 "어떤 텍스트도 다른 텍스트들과의 관계에서 떼어 놓고 읽기는 불가능하다"는 관점이며, "이 텍스트들의 상호관계망에서는 어떤 텍스트들도, 어떤 독자도 빠져나갈 수 없다"는 상호텍스트성의 관점에 근거하고 있다.[33)]

33) 진광현, 「신역사주의 방법론의 문제점」, 『현대영미문학』 제20권2호, 현대영미어문학회, 2002, 215쪽.

미국은 역사의 지층이 얇다. 역사주의도 제대로 할 수 없는데, 신역사주의라는 명칭은 과분할 정도로 느껴진다. 그러니 절반의 역사화라는 말은 비아냥거림이 아니다. 사실을 그대로 드러내주는 언사이다.

> 신역사주의자들이 애초 제시했던 프로그램과는 달리 텍스트가 쓰인 역사적 콘텍스트에 대한 분석에 머물고 있다는 점이다. 이와 같은 경향은 그린 블라트을 비롯한 일군의 학자들이 점차 신역사주의보다는 '문화시학' 이라는 용어를 선호하면서 문학 텍스트의 해석에서 통시적 연관 관계의 구성과 역사성에 대한 고려보다는 공시적 콘텍스트화를 중시하고 있는데서 명백하게 확인되고 있다. 이와 같은 '절반의 역사화' 경향이야말로 신역사주의의 영향력이 미국 영문학계를 넘어서지 못하는 근본적인 이유라고 할 수 있다.[34)]

신역사주의가 구조주의의 특성을 지니고 있다고 보는 견해도 있다. 구조주의는 문학비평 방법론에서는 형식주의 혹은 신비평과 친연성이 높다. 잘 알려져 있다시피 신역사주의는 특히 작품 읽기와 분석에서의 신비평적 방법을 거부한다.

> 푸코적 권력의 개념에 깊은 뿌리를 두고 있는 신역사주의자들의 이론적 모순으로서, 자발적 협조자를 생산해 내는 권력의 초월적이며 비역사

34) 최호근, 「역사주의와 신역사주의」, 『한국사학사학보』 제8집, 한국사학사학회, 2003, 99쪽.

> 적 구조 속에 행위자를 가두어, 텍스트에 억압되어 있는 다성적 목소리의 전복적 과정을 봉쇄해 버리고 주체의 행위력을 거부하는 결과를 가져오고 말았다. 이런 점에서 신역사주의자들의 권력의 개념은 지식·감정·담론·인간 관계 등을 포함한 인간의 삶의 제환경과 실천을 하나의 획일적 틀 속에 가두어 버린 구조주의의 특징을 보여준다.[35)]

실마리나 꼬투리를 잡아서 거의 모든 것들을 프린팅해낼 수 있다고 믿는 이들이 구조주의자들이다. 이들을 하나의 획일적인 틀이라고 몰아붙이는 것은 거의 매도에 해당한다. 물론 엄지손톱만한 금귤과 주먹만 한 오렌지를 같은 것이라고 말할 수 있는 사람이 구조주의자들인 것은 사실이다. 인간이 제도라는 새장에 갇혀서 살고 있다는 것을 절대 인정을 하지 않는 이들은 전통역사주의자이다. 신역사주의자는 그 명칭에서도 알 수 있듯이 '역사주의' 는 그들 정체의 핵심에 자리하고 있다. 그러니까 신역사주의자들은 제도 즉 새장을 인정한다. 그 새장을 지구만큼 넓혀보고자 하는 것이 신역사주의자들이 꾸는 꿈이다.

반면 문화시학자들은 제도를 인정하지만 담론을 펼치는 데 별로 염두에 두지 않는다. 왜냐하면 아무리 촘촘한 빗살을 쳐서 가두려해도 끝내 한 줌도 가둘 수 없는 것이 언어이기 때문이다. 언어가 어떤 제도로도 끝내 가둘 수 없는 것이라면, 그 언어만큼 인간의 상상력을 넓혀보자는 것이 문화시학자들이 꾸는 꿈이자, 바람이다.

35) 진광현, 같은 논문, 202쪽.

(3) 문화유물론

문화유물론의 정체성과 지향은 신역사주의와 대별되는 지점에서 설정된다.

> 한 인간의 주체성과 사회구조의 문제를 다룸에 있어 전복(subversion)과 억제(containment)의 문제를 권력의 폐쇄적 구조 속에서 단선적으로 다루는 신역사주의에 반하여 Raymond Williams, Mikhail Bakhtin, 그리고 전통적 마르크스주의 영향을 비교적 크게 받고 있는 영국의 문화유물론자(cultural materialist)는 인간의 행위력(agency)과 그에 수반한 역사의 진보와 변화를 보다 적극적으로 수용한다.[36)]

전통적 마르크스주의자들은 위반과 전복을 통해 권력의 억압을 극복하고자 한다. 마르크스주의자들은 그 현장에서 위반과 전복의 주체가 되고자 한다. 그러나 신역사주의는 전복과 억제라는 관점에서 모두를 제3자의 위치에서 관찰하고 그 선후관계 속에서 변모하는 역학관계를 기술하고자 한다. 철저히 관찰자의 위치를 취한다. 마르크스주의 전통을 계승한 문화유물론자들은 신비평자들처럼 '전복'과 '억압'을 동시에 지켜보면서 이들의 변증법적 지향을 통해 추동력을 얻고자 한다.

문화유물론자들은 단단하게 구축된 현실의 문화적 기반 중 하나를 품고 과감하게 나아가 버린다. 전체를 끌고 가고자 한 것이 마르크스주의자들의 꿈이었다면, 문화유물론자들은 한 부분에 공동(空洞)의 공간을 마련함으로

36) 진광현, 같은 논문, 205쪽.

써 전복과 억압의 팽팽한 긴장을 무너뜨리고 자체의 변화를 촉발하고자 한다. 전복과 억압이 유발하는 사회적 역동성이 '팔딱임' 이었다면, 문화유물론의 행위력이 유발하는 존재의 역동성은 '뒤틀림' 이라고 할 수 있다.

포오즈를 취하는 순간 문화는 하나의 제도가 된다. 그만큼 빠른 변화의 시대이다. 누구도 자신의, 스스로의 모습에 만족해서 '멈춤' 하는 것이 쉽지 않다. 문화는 언제나 가변적인 하나의 과정으로서만 효과를 충분히 발휘할 수 있다. 문화유물론자들은 이 점을 특히 강조한다.

> 문화유물론자들은 억압되고, 지워지고, 악마화된 타자의 목소리를 확대하여 문화를 다시 읽어내고자 한다. 이들에게 문화는 결코 지배문화에 의해서만 규정될 수 있는 것이 아니라, 항상 다양한 목소리를 포함하는 가변적인 하나의 과정이며, 문학 비평은 일종의 문화비평이다.[37)]

영국을 중심으로 한 소위 문화유물론자들은 문학비평을 문화비평의 일종으로 강조하고 있다. 신역사주의자와 달리 현실의 변혁에 적극적으로 개입하고자 한다.

> 신역사주의가 극장을 "권력의 재현과 정당화"를 도모하는 영역으로 간주하고 그 과정에 초점을 맞추고 있다면, 문화유물론은 권력의 정당화 과정은 물론 문화에 대한 "권력의 작용"에 초점을 맞춘다. 즉 신역사주의

---

37) 김종환, 『문화유물론과 셰익스피어』, 『셰익스피어 비평』 제25권, 한국셰익스피어학회, 1994, 186쪽.

가 권력을 전시하는 것을 목표로 한다면, 문화유물론은 권력을 폭로하는 것을 목표로 하고 있고 텍스트가 현재의 권력과 어떻게 관련되어 있는가를 논의한다.[38)]

빠르게 변화하는 문화를 비평을 통해 포착하기 위해서는 같은 속도로 움직이지 않으면 안 된다. 스카이다이버의 모습을 제대로 포착하기 위해서는 카메라 역시 같은 속도로 낙하하지 않으면 안 되는 것이다. 물론 문학비평이 일종의 문화비평이라고 하는 것은 시학적 측면에서 좀 더 해명이 필요한 대목이다.

문화유물론과 대척되는 지점에서 철학 문화가 아니라 문학 문화를 기획하는 낭만자주의자로 로티를 들 수 있다. 최선의 자본주의를 전제로 한 이 시대 최대의 낭만주의자 로티는 철학적 문화의 한계를 언어의 한계를 통해 지적하고 문학적 문화 또는 시화된 문화를 주창한다.

로티가 말하는 문학적 문화 또는 시화된 문화의 특징은 다양성과 새로움에 있다고 할 수 있다. 그런 문화 속에서 사람들은 최종적인 해결책을 찾기보다는 사태를 새롭게 조명할 다양한 관점을 선호한다. 궁극적인 진리라고 여겨졌던 모든 것이 사실은 또 하나의 서술에 불과하다는 것을 잘 알고 있기 때문이다.[39)]

이에 대해 이 시대의 한 궁극이라고 할 수 있는 자본을 만끽한 자의 '회

---

38) 김종환, 같은 논문, 185~186쪽.
39) 이유선, 앞의 논문, 169쪽.

귀', '환원' 이라는 비판을 가할 수도 있다. 하나의 궁극적인 진리가 하나의 서술에 불과하다는 것은 가진 자의 성찰이거나 여유거나 오만이다. 조금 다른 과점에서 보자면 이것은 '자본' 이 권력의 핵심이라는 것을 거부하고 싶은 그러나 거부할 수 없는 오늘의 현실과 처지를 반영한 비판이라고 할 수 없다. 이미 겪어본 로티가 별 것 없는 길이라고 이야기하는 데도 우리는 그것을 몸소 알아야겠다고 하는 모양새다.

(4) 문화시학

문화시학은 신역사주의의 다른 이름으로 출현하였고 지금도 신역사주의의 다른 명칭이라는 오해를 받고 있다.

> 신역사주의의 다른 명칭인 문화시학을 Mark Bauerlein은 "문화(인류학)과 예술(문학비평)의 줄다리기(culture and art(anthropology and literary criticism) play tug of war)"라고 정의하기도 했다. 또한 신역사주의의 잠재의식처럼 보이지 않는 깊은 곳에서 신역사주의를 통제하고 있는 푸코의 영향 하에서, 마치 해체주의자들이 언어의 불확정성의 구조 속으로 함몰해 간 것처럼, 신역사주이자들 또한 권력(power)의 구조 속으로 회귀해 가는 구조주의적 위험성을 보이기도 한다.[40)]

물론 이것은 신역사주의를 역사주의의 이종정도로 취급하는 편협한 시각에서 오는 기우에 불과하다. 문화시학은 신역사주의와는 확실한 구분선

40) 진광현, 같은 논문, 202쪽.

을 긋고 차이를 넘어 차별성을 적극적으로 부각시킬 필요가 있다. 그렇지 않으면 문화시학은 신역사주의의 다른 명칭이라는 오해를 불식시키는 것이 어려워질 수도 있다.

문화시학에서 주목하는 것은 언어의 아포리즘이다. 언어의 아포리즘이 사회적 에너지의 순환에서 동인으로 작용할 수 있는 가능성이 크다는 것이다. 그린 블라트는 "사회적 에너지의 순환(circulation of social energy)"이라는 관점을 주장하고 있다. 이는 한 사회 속에 내재하는 모든 문화적 사회적 에너지가 총체적으로 순환하며 구성원의 "물리적 정신적 집단 경험(collective physical and ental experiences)"를 형성한다는 입장이다. 사회적 에너지의 순환을 추동하는 것은 언어의 아포리즘을 통해 구현된 문학비평의 '벡터' 라고 할 수 있다. "물리적 정신적 집단 경험"은 플롯이라는 공동체의 언어를 통해 구현된다고 할 수 있다.

문화의 실천적 특성을 강조할 때 문학은 스스로를 성찰하는 것에 좀 더 많은 쓰기를 할애한다. 그런 면에서 로트만의 '행위 시학' 은 '문화 시학' 과의 친연성이 매우 강하다.

> 로트만의 지난 사유들이 오늘날 우리들에게 중요한 이유는 그것들이 '지금 우리가 처해있는 문제들의 원인은 무엇인가' 를 묻고 있기 때문이고, 동시에 그에 대한 대안을 찾고 있기 때문이다.[41]

행위 시학 이론이 지니는 당대적 가치와 중요성을 방법론적 실효성 차

41) 김수환, 같은 논문, 107쪽.

원에서 검토할 필요성이 있다. 이것은 문화시학이 신역사주의의 그림자에서 벗어나 대안적 문학 연구 방법론으로 자리하기 위해서 꼭 해결해야 할 선결 과제이다.

> 해당 시기 예술(문학) 텍스트들에 대한 보다 심화된 이해라는 사실을 증거하고 있다. 그것은 눈 가리고 귀 막은 채 지금껏 해오던 그대로 묵묵히 전진하거나 혹은 주변에서 일어나는 일들에 정신없이 마음을 빼앗기는 대신에, 오히려 자신이 다루고 있는 대상 자체의 본질에 관해 더욱 더 날카롭게, 그리고 더우더 깊숙하게 성찰해 볼 것을 제안한다. 어쩌면 로트만의 '행위시학' 방법론이 오늘날 우리들에게 제기하는 가장 중요한 대안적 명제는 단순한 것이다. 문예학의 위기에 대응하고자 하는 우리는 문학(연구) 그 자체에 관해서 좀 더 많이, 그리고 좀 더 깊게 성찰해야만 한다.[42]

문화시학의 학문적 정체성을 뒷받침해 줄 수 있는 것은 문화적 측면이 아니라 시학적 측면이다. 시학적 측면을 강화할 때, 신역사주의의 그늘로부터 벗어날 수 있음은 물론 문화적 행위의 핵심을 차지하고 있는 언어적 행위의 이론으로서 제대로 자리매김할 수 있을 것이다. 이 책에서는 주로 문화시학적 관점을 견지하면서 논의를 전개하고자 한다.

---

42) 김수환, 같은 논문, 131쪽.

문화의 스타일 :
윤리성·기술성

문화의 스타일 : 윤리성·기술성

1. 도입

문화(文化)를 이루는 글자는 文과 化이다. '文'은 무늬(pattern), 문화(culture), 글(writing)의 뜻을 가지고 있다. 본래의 뜻은 「문신」(文身: tattoo)으로, 사람이 몸에 먹물이나 물감으로 그림이나 무늬를 새긴 것을 나타냈다. 고문의 자형은 사람의 가슴이나 등에 아름다운 무늬를 새겨놓은 모습을 추상하고 있다.[43] '化'는 변하다(change), 녹다(disolve), 죽다(die)의 뜻을 지니고 있다. 한 사람은 바로 서 있고 다른 사람은 거꾸로 서 있는 모습을 형상하고 있다. 본래의 뜻은 '모양이 바뀌다', '변화하다'이다. 그 의미가 확장되어 자연계에서 '만물의 생성과 변화를 따르는 조화',

43) 이락의, 『한자정해』, 비봉출판사, 1995, 95쪽.

'녹다', '죽음' 등의 뜻을 나타내게 되었다.[44)]

전통시대는 '文'이 문화를 주도했다. '문'을 대표하는 글을 읽고 쓰는 것이 '인(人)'이 되기 위한 전제조건이었을 정도다. 산업혁명을 통해 출발한 근대기는 '化'가 주도했다. 인간은 '기술문명'으로 대변되었다. 문(文)과 화(化) 사이를 연결하는 통로가 하나의 스타일을 이룬다.

다른 한 편에서 스타일은 최초인 것과 기존의 것으로 탄탄하고, 넓게 바탕을 이루는 것들을 연결하는 길이기도 하다. 표현의 첨단과 모든 플롯의 합에 해당하는 마스터플롯이 인류의 기억으로 펼쳐 던지는 의미의 그물 사이를 잇는 것이 스타일이다.

바늘끝의 첨단과 지평을 헤아릴 수 없는 너비의 의미망을 고루 연결하기 위해서는 나선형의 스타일이 적격이다. 스타일은 빛처럼 빠르기도 하고, 숲길을 건너는 달팽이처럼 움직이기도 한다. 스타일이 빛처럼 빠르게 움직일 때 우리는 맹목성의 시적 표현을 만날 수 있다. 프로메테우스가 인간에게 전해준 희망은 시적 표현의 맹목성과 닮았다.

> 인간은 단순히 미래는 그저 그들이 원하는 대로의 미래가 될 것이라고 믿고, 희망하고, 기대할 수 있었다. 이 맹목적 희망은 심지어 인간으로 하여금 현생의 삶을 넘어서게 할 수도 있었다. 그러나 후사유, 반성, 숙고, 유예, 연기, 에피메테우스의 교훈이었던 사후적인 것이 없다면, 인간은 기껏해야 제작의 생산에 헌신할 수 있을 뿐이다.[45)]

---

44) 이락의, 같은 책, 71쪽.
45) 휴 J. 실버만, 같은 논문, 172쪽.

반면 '후사유' 에 해당하는 에피메테우스의 플롯은 달팽이처럼 천천히 모든 것을 섭렵할 것처럼 움직인다. 그러나 에피메테우스의 플롯은 신화에서 비롯되었지만 신화와는 다르다. 에피메테우스의 플롯은 신에 대한 이야기가 아니라 인간에 대한 이야기이다. 좀 더 정확하게 말하면 인간의 기술에 대한 이야기를 받아낸다.

미래에 대한 위대한 희망과 전망만을 가질 경우 인간은 계속해서 언어와 기술을 쏟아내기에 급급하게 된다. 테크놀로지의 대리보충에만 충실할 경우 인간의 기술은 밑빠진 독에 부어진 물이나 마찬가지이다. 그러나 반대로 밑이 빠져 있지 않다면 기술은 금세 문화의 장을 넘쳐버리고 말 것이다. 인간은 독특한 구조를 얽어 적당한 양의 언어와 기술을 문화의 장으로 새로 공급한다.

그리고 새로운 것들과 문화의 장을 흐르고 있는 것들과 기억에서 건져 올린 것들을 조합하면서 의미의 장을 폭발적으로 확장한다. 이러한 흐름을 조절하기 위해서는 원뿔형 항아리의 밑면은 '거름종이' 처럼 촘촘한 의미망으로 막히면서, 뚫려 있어야 하고 뚫린 채로 막혀 있어야 한다. 이 의미망이 곧 에피메테우스가 준 문화의 플롯, 스타일이 가장 크게 지평을 돌며 흐르는 부분이다. 스타일은 언어를 타고, 언어와 함께 움직인다.

> 로트만의 분석은 특정 시기의 개인적-사회적 행동이 어떻게 우리 앞에 암호화된 '텍스트' 로 나타나게 되는지, 그리고 문학적 플롯이 어떻게 해서 우리들로 하여금 이 행위들 속에 감추어진 의미 속으로 파고들 수 있도록 하는 '코드들' 로 기능하게 되는지를 분명하게 보여준다.[46)]

나선이 뾰족하게 첨단을 향할 때 우리는 플롯으로서 '코드들' 을 만날 수 있고, 마스터플롯을 향할 때 다채로운 '플롯' 을 조우하고 생산할 수 있다. 로트만의 행위의 시학은 인간의 사회적 행위에 입각한 언어의 움직임에 대한 언어학적 접근이 아니다. 행위는 곧 스타일의 움직임과 다르지 않다.

일상 행위 시학의 진화 과정 중 마지막 단계가 "배역에서 플롯으로의 전이"가 되어야만 한다고 로트만은 말한다. 행위 시학은 그것이 (행위) 텍스트를 다루는 '시학(詩學)' 이라는 바로 그 이유로부터, '일상생활의 플롯' 에 관해 말할 수 있는 권리와 의무를 얻는 것이라고 말한다.[47] 플롯의 권리는 공유이고, 의무는 곧 공유에 대한 책임이다. 플롯의 권리와 의무가 곧 윤리이다. 일상 행위, 언어적 행위의 플롯 곧 시학이 윤리에 해당하는 셈이다.

세상에 던져진 인간은 시적 언어가 지닌 표현성을 통해 미지의 곳으로 나아갈 수 있다. 또한 인간은 촘촘한 플롯의 의미망을 딛고 무한의 심연으로 추락하지 않게 되었다. 플롯은 삶을 의미화하는 데 필수적이고 강력한 수단이자 목적이다. 로트만은 이렇게 말한다.

> "예술적 플롯 서사의 발명의 결과 인간은(……) 사건들의 비분절적 흐름으로부터 분절적 단위를 구분해 내고, 그것들을 일정한 의미들과 결합시키며(즉 의미론적으로 해석하며), 질서 잡힌 사슬 속에서 조직화하는 (즉 통사론적으로 해석하는) 법을 배우게 되었다.(……) 플롯은 텍스트를 만듦으로써, 인간은 삶 속에서 플롯을 구분할 수 있게 되었으며, 그렇게 해서 이 삶을 스스로에게 설명할 수 있게 되었다."[48]

---

46) 김수환, 같은 논문, 127쪽.
47) 김수환, 같은 논문, 122쪽.
48) 김수환, 같은 논문, 122쪽.

플롯은 인간의 삶 자체에 내재되어 있는 것이기도 하다. 플롯은 습관과 제도 사이에 균열로 자리하고 있다.

2. 스타일의 영도성

우리는 일상에서 "내 스타일 어때?"라는 말을 자주 듣는다. '어디어디를 가는데', '언제 무슨 일을 하려고 하는데', '누구와 만나려고 하는데' 라는 전제를 붙이지 않고도 "내 스타일 어때?"라는 말을 쓴다. 단순히 외양과 관련이 되고, 타자와의 관계에서 필요한 것이라면 스타일은 하나의 상징으로 작용할 수 있다. 스타일은 개인적으로는 개성을 나타내고, 사회적으로는 소통의 코드이기도 하고, 경제적으로는 유행을 반영하고, 공적으로는 공동체의 특성을 드러내기도 한다. 그러나 이러한 것들은 스타일의 부가적인 기능이다. 모든 문화적인 기능에 앞서, 스타일은 자기만족적이다.

스타일은 외적으로 '선의 윤리' 를 지향한다. 공동체는 절대적인 선을 추구하는 것이 아니라 공리를 추구하기 때문에 외향적 스타일은 '관계의 선' 을 추구한다. 스타일이 선을 추구할 때는 아무리 개인적인 것처럼 보일지라도, 오염되지 않는 자신의 욕망을 추구하는 것이 아니라, 내 안에 자리한 타자의 윤리를 지향한다. 이것이 주로 상상계에서 일어난다면, 상징계에서는 타자 안에 자리한 자기의 윤리를 추구한다. 상징계에서 타자를 위하는 '선' 이 기만(僞)적일 수밖에 없는 이유다. 자기기만과 타자의 기만을 통해 나에게 오염되어 있는 타자, 타자에게 오염되어 있는 나를 추구한다는 점에서 선의 윤리는 순수하지 않다.

윤리의 방향은 주체나 공동체의 이익이 아니라 행위의 순수성에서 찾아져야 한다. 여기서 정신분석의 윤리는 선보다는 악에 더 치우칠 수 있는데 악이 선의 모순과 당파성을 드러내기 때문이다.[49]

일상생활에서 '악'을 추구하는 것은 공동체의 삶에 위해를 가하는 것이 된다. 정치는 선과 악을 대립시키고, 그런 대립을 통해 공동체의 경계를 획정한다. 경계를 넘는 것은 사회적인 지탄의 대상이며, 사회적으로 격리되기 십상이다. 정치는 '선(善)'의 긍정성을 극대화함으로써, 그 이면에 자리한 '위선(僞善)'을 은폐한다. 국민을 위하지 않는 정치인은 단 한 명도 없다. 그럼에도 불구하고 국민들은 정치인이 베푸는 '선(善)'은 국민을 위한 것이 아니라 자신의 표를 위한 것이라는 사실도 너무 잘 알고 있다.

정치와 대척점에 서 있는 예술인들은 작품을 통해서 '선'이 아니라 '악(惡)'을 추구한다. 선과 대립되는 '악'을 곧이곧대로 추구한다면 그 작품은 반사회적인 반향을 일으키게 된다. 물론 그렇게 해서 사회의 변화를 이끈 작품이 없지 않지만, 대부분은 대중들의 일시적인 일탈 욕망을 채워주는 것에 그쳤다. 가령 대중적인 드라마에 나오는 악인은 철저히 악인인 경우가 많고, 선인은 철저히 선인인 경우가 많다.

이러한 극단적인 대립, 선의 억압에 의한 슬픔과 악의 몰락에 의한 기쁨은 대중들에게 표면적인 쾌락을 제공한다. 정치인의 위선(僞善)을 드러내는 것을 금기시하는 것은 '파시즘'의 징후다. 마찬가지로 예술가가 그 순

---

49) 김석, 같은 논문, 82쪽.

수를 '위악(僞惡)' 적으로 드러내는 것이 검열 받고, 지탄을 받게 되는 것은 '전체주의' 의 징후다. 이것보다 더 무서운 것은 정치인이 자신의 위선(僞善)을 '선(善)' 이라고 믿는 경우다. 마찬가지로 예술인이 자신의 위악(僞惡)을 '악(惡)' 으로 의심하기 시작하는 것이다.

악과 선이 분리가 되어 있을 때, 우리는 신의 솜씨인 곡선을 가질 수 없다. 직선으로 재단된 사상과 사유 그리고 법과 제도에 의해 구획된 행동 양상이 인간에게 자유를 줄 리 만무하다. 이렇게 단순화된 경로 덕분(?)에 과정이라는 것은 굳이 관심을 두지 않아도 된다. 선(善)은 결과에 따라서 행위의 가치를 판단하면 된다. 이러한 직선의 선(善)을 구부리기 시작할 때 스타일이 형성되기 시작한다. 결과가 아니라 과정 자체, 해석 행위 자체의 가치를 추구할 수 있게 된다. 선(善)으로부터 구부러짐으로써 구부러진 악과 만날 수 있다.

선과 악이 바로 손을 잡는 것은 불가능한 일이다. 선은 스스로의 위선(僞善)을 폭로하고, 악은 스스로의 위악(僞惡)을 고백한다. 선과 악은 '위(爲)' 라는 변곡점을 통해 서로의 전면이 된다. 악(惡)은 위선(僞善)의 실용성 곧 공유의 가치를, 선(善)은 위악(僞惡)의 진실성 곧 책임의 가치를 인정하는 것이다.

위(僞)는 인(人)과 위(爲)가 합쳐진 글자다. 자연 상태의 것에 인위(人爲)를 가한 것이 곧 문화다. 인위는 곧 솜씨고 기술이다. 스타일은 선을 다루는 솜씨로서 위선의 긍정성과 악을 다루는 기술로서 위악의 책임성이 변곡되는 지점에서 발생한다. 발생할 뿐만 아니라 이 지점을 지나면서 스타일은 소멸하기도 한다.

3. 윤리성

기존의 선(善)은 욕망을 묶고, 가두고, 억누르는 역할을 수행했다.

> 선이 욕망의 장애물인 것은 선의 윤리가 행복이라는 궁극적 이상을 설정하며, 행복은 좋음, 즉 쾌락적 요소를 포함하기 때문이다. 그러므로 선의 윤리에서 욕망은 쉽게 자연적 소질을 따르는 욕구로 변질되기 쉬운데 인간이 자연적 경향성을 벗어나기가 쉽지 않다.[50)]

선의 윤리가 추구하는 '쾌락'은 인간을 자연상태로 되돌리는 데 목표를 둔다. 선을 가장한 쾌락은 인간을 자기반성에 이르게 함으로써 인간을 규정된 인간으로 자리매김하게 된다. 선의 윤리에서 순수는 상상계의 순수, 즉 어린아이와 같은 순수를 표방한다. 유아적 순수를 지향하는 공동체는 기쁨과 슬픔의 감성공동체를 형성하는 데 머문다. 고통과 굴욕의 공감과 공유를 통해 공동체를 형성하는 것은 상징계의 질서에는 크나큰 위협이 될 수밖에 없다.

라캉은 선의 윤리로부터 욕망을 구해내, 선과 대립된 자리에 놓는다. 욕망은 길들여지지 않는 야수처럼 위험하다. 길들여지지 않음은 미개가 아니라 자유의 이름이다. 욕망의 분출을 통해 인간은 기존의 인간으로부터 벗어나 타자 없이도 온전히 '나'를 바라볼 수 있다. 그리고 타자 역시 타자인 '나' 없이도 스스로와 마주할 수 있게 된다. 라캉은 이를 실재계에서 실

50) 김석, 같은 논문, 75쪽.

현된 '나' 라고 말한다. 이러한 '욕망' 을 길들이려 하지 않고서도 잘 다룰 수 있는 사람이 예술가이다.

세상을 살아가는 현존재는 언어와 조우하는 매순간 타자의 언어에 빚을 지고 있다. 삶의 영위하도록 해주는 언어는 거의가 타자의 언어이다. 언어의 부재를 조금이라도 청산할 수 있는 기회는 모두에게 주어진다. 바로 '자기 자신의 존재' 로서 '마지막 어휘' 를 선사하는 것이다. 이것이 타자를 위한 '표현의 윤리' 이다.

> 현존재는 빚을 지고 있는 자라고 말하는 것은 현존재가 다른 사람의 언어를 말한다고, 그래서 자신이 만들지 않은 세계 속에서 살아간다고 말하는 것이다. 그 세계는 바로 그런 이유에서 현존재의 〈고향〉이 아니다. 현존재가 빚을 지고 있다고 말하는 것은 현존재의 마지막 어휘가 사람들에 의해 우연히 말해지는 언어이기 때문이다. 현존재는 그런 언어 속에 던져져 있으며 그런 말을 사용하는 사람으로 성장해 간다.[51)]

살아 있는 동안 현존재가 그러한 언어를 조금이나마 청산하는 것은 쉽지 않다. 자신이 그린 그림의 교환가치를 짐작하지도 못했을 고흐나 피카소처럼 우리도 언어를 스케치하고 있다. 우리가 발언하게 될 마지막 어휘의 가치를 우리는 결코 알지 못할 것이다. 그래도 중요한 것은 마지막 어휘 자체가 아니라 끝내 마지막 어휘를 세상에 던져야 한다는 것이다.

---

51) 로티(1996), 같은 책, 206쪽.

4. 기술성

기술의 지향성을 부여하는 기술성이 기술 자체를 향할 경우에는 특별한 변곡을 거치지 않아도 된다. 기술성과 기술은 겉으로는 명확하게 구분되지 않는다. 스타일을 지향할 때 기술성은 특별한 가치를 획득하게 된다. 선적(linear) 발전에 익숙해 있던 기술은 '아포리아의 시간, 공간, 인간' 이라는 특별한 의미의 장으로 변곡해 들어옴으로써 특별한 흔적을 남기게 되고, 이러한 흔적들을 통해 플롯을 구성한다. 플롯의 바탕을 기술성이라고 하는 것은 이와 같은 맥락에서이다.

기술성은 文과 化를 연결하는 통로이다. 化로부터 文으로 변곡해가는 지점에 가장 강력한 에너지를 응축한다. 이 길을 통해서 문화는 文과 化의 균형을 유지할 수 있다. 기술성을 보철성의 사건이라고 하는 것도 이와 같은 이유에서다. 기술성은 넘치며 흘러드는 길이지만, 밀리면서 끌고 가는 길이라는 점에서 다른 것에 아주 미세하게 앞서 있으면서, 그 앞섬을 내세우지 않는다. 그래서 발전과 전망뿐 아니라 연기와 망각의 조건도 될 수 있는 것이다. 이러한 포스트모던의 계기는 역설적으로 책임의 사건이라고 실버만은 말한다.

> 여기서 책임이란 귀속된, 하지만 어떤 개인에게 귀속된 것이 아니라 "우리 사이"에 의해 특징되는 차이의 공간들을 가로지르는 변환적인 것이다. 우리 사이에 있는 공유이며 공유는 '나' 의 책임도 아니고 '우리' 의 책임도 아닌 책임이다. 기술성(technicity)은 어떤 특정한 기술적 발전이나 발생에 앞서 있으며, 기술(techincs)의 수행에 앞서 있다. 기술성은, 그것이 어떤 규정된 기술적 발전, 성취, 영광 또는 성공이 되지 않으면서

도, 차이의 공간들을 명시한다는 점에서, 아포리아적이다. 기술성은 시간성이 환기될 때면 항상 이미 거기에 있다.[52)]

온갖 기술적 사건의 흔적이 겹쳐지면서 구축(構築)된 플롯은 기술성에 의해 스스로를 구축(驅逐)하면서 움직인다. 미지의 영역으로 뚫고 파고드는 표현과 무한 영역으로 펼쳐지는 마스터플롯의 동시적인 작용으로 문화의 범위는 언제나 우리의 상상을 넘어서 있다. 그것은 우리가 결코 기호의 범주와 위상을 가늠할 수 없는 것과 같은 맥락이다. 그 거리가 몇 만, 몇 천만 광년이 떨어져 있는지도 제대로 알지 못하면서 우리는 그 별들을 하나의 구면 위에 옮겨 와 별자리로 이름을 붙여준다.

> 인간은 자신이 뿜어낸 그물 가운데 고정되어 있는 거미와 같은 존재로 파악했던 막스 베버를 따라서 나는 문화를 그 그물로 보고자 하며, 따라서 문화의 분석은 법칙을 추구하는 실험적 과학이 되어서는 안 되며 의미를 추구하는 해석적 과학이 되어야 함을 주장하고자 한다.[53)]

의미의 그물망이 아무리 크더라도, 그리고 그 기억의 망해 속에 든 언어들이 모두 인간이 스스로 풀어놓은 것이라고 하더라도 그것을 건져 올릴 때 우리는 우연성에 기댈 수밖에 없다. 신에 가까워진 솜씨를 가진 어부라고 해도 그의 그물질은 반 이상을 우연에 기댈 수밖에 없다.

비슷한 맥락에서 기어츠는 문화의 분석을 법칙을 추구하는 실험적 과학

52) 휴 J. 실버만, 같은 논문, 167쪽.
53) 클리퍼드 기어츠(2012), 같은 책, 13쪽.

이 되어서는 안 된다고 말한다. 스스로가 해방시킨 기호마저 제어할 수 없는 인간의 좌절은 문화에서도 그대로 반복된다. 문화는 기호의 생성을 담당하는 '표현', 곧 도래할 것이 현현하는 방식이며, 사라지는 것들이 그 플롯을 반복하면서 직조한 '언어의 그물' 이기도 하다.

삶은 자기와 자기 사이에서 이루어진다. 서술은 앞선 자기를 도래할 자기에게 넘겨주는 행위이다. 이때 서술은 도래할 자기에 의해 다시 서술됨으로써 재서술 된다. 죽음이라는 것은 자기에 의해 재서술될 수 없는 최후의 서간이다. 따라서 플롯은 무의미해지고 오직 흩어진 어휘들만 남게 된다. 따라서 우리가 죽음을 만날 때는 이야기가 아니라 단 하나의 '어휘' 만을 가질 때, 그 말은 온전히 죽음을 통과한 '나' 로 남게 된다.

> 그러나 자신의 원인cause을 재서술함으로써 자신의 원인을 인식해 가는 과정은 자신의 죽음을 향해 여전히 진행중일 수밖에 없다. 임종시에 이루어지는 자기 자신에 대한 어떤 최종적인 재서술이라도 재서술할 시간이 더 없기 때문에 마지막 것으로 남게 된 것이다. 그러한 재서술은 그 사람이 시간이 더 없어서 발견하지 못했으나(그러나 그의 강력하고 칭찬할 만한 비평가가 언젠가 우연히 발견하게 될) 자연 법칙에 의해 구술될 것이다.[54)]

로티가 말하는 자연법칙은 곧 문화법칙이라고 할 만하다. 마지막 말은 가장 크게 휘돌아가는 인간이 만들어낸 거대한 자연이라고 할 만한 나선형

---

54) 로티(1996), 같은 책, 188쪽.

의 기술에 의해서 언젠가 포착됨으로써 다시 우리의 기억으로 흔적을 남기면서 사라지게 될 것이다.

쓰기가 시작된 이래 한 번도 되어본 적인 없는 주체가 표현을 타고 도래한다. 그 주체를 역사의 거의 모든 주체들이 공유할 수 있기 위해서는 플롯의 주체로 탈바꿈해야 한다. 기술성의 목표는 표현의 주체가 플롯의 주체로 변곡할 수 있는 통로를 나선으로 그려내는 것이다. 한번도, 누구도 아닌 '나'가 되어보는 것, 어떤 윤리적 판단도 지연시키는 '나'가 되어보는 것을 푸코는 자신에게 줄 수 있는 최선, 최상의 선물이라고 말한 바가 있다. 이러한 체험은 쓰기를 통해 고스란히 옮겨질 때, 도래할 최선의 독자를 기다릴 수 있다.

> 기술성, 보철성, 부각, 사유, 차이의 사건에서의 차연은 정의를 위한 여지를 만들어야만 할 것이고, 인간의 유한성을 위한 장소를 발견해야만 할 것이고(단순히 부정의와 대립된 것으로가 아닌) 정의를 환기하는 공유에 참여해야만 할 것이고, 삶으로서의 시간과 실제의 시간 사이의, 도구에 의해 측정된 시간과 영화의 시간, 혹은 음악의 시간, 실용적이라기보다는 아포리아적인 것으로서의 정치적인 사건의 시간의 차이에 대해 묻는 기술성에 참여해야만 할 것이다.[55]

차연은 뫼비우스의 띠처럼 이면도 저면도 아닌, 이면이면서 저면인 변곡점, 변곡선, 변곡면, 변곡체이다. 인간의 솜씨는 구체적인 대상을 만들어

55) 휴 J. 실버만, 같은 논문, 179쪽.

내는 데에서 빛을 발한다. 추상적인 것을 만들어 내는 것은 상상이다. 추상적인 것을 구체적인 것으로, 구체적인 것을 추상적으로 만들 때, 제대로 발휘되는 솜씨가 '기술(技術)' 이다. 기교는 특정한 것에 특별함을 더하는 데 초점을 맞춘다. '기술(技術)' 은 하나와 다른 하나를 잇거나, 하나를 하나와 다른 하나로 분리시키거나 하는 변화에 초점을 두고 있는 것이다. 따라서 기술(技術)은 쓰기(記述)보다는 '짓기(作)와 더 어울린다.

20세기에 사람의 삶을 탐색하는 학문 분야에서 가장 강조했던 것은 '현장' 이다. 현장에 있기가 진정성이었고, 진실을 담보했다. 21세기 문화인류학은 현지조사에 대한 매혹으로부터 글쓰기의 매혹으로 눈을 돌리고 있다.[56] 20세기는 누가 뭐라 해도 테크놀로지의 시대였다. 인류학과 마찬가지로 과학기술 역시 글쓰기의 매혹에 빠져들고 있다. 그러나 이것은 보조식품처럼 편식에 따른 정신, 마음 영양의 단순한 균형을 위한 것이 아니다. 기술 자체의 보충물이 아니라 기술의 흔적들에서 솟아나오는 담화의 문화적 힘으로 관심을 돌리기 시작한 것이다.

5. 나선형의 스타일

무명(無明)색은 두 가지이다. 순백색에 가까운 무명이 있고, 칠흑에 가까워지는 무명이 있다. 앞의 것은 어떤 것도 흔적을 남기지 않은 순수 그 자체이다. 아무리 미약한 것이라도 여기에 흔적을 남기면 자신의 색을 도

56) 클리퍼드 기어츠, 『저자로서의 인류학자』, 문학동네, 2014, 36쪽.

드라지게 할 수 있다. 뒤의 것은 가능한 모든 것의 흔적들이 덧씌워진 무명이다. 더 이상 탈 '때'가 없고, '때'를 타더라도 태가 나지 않는 무명이다. 아무리 강렬한 것도 여기에 접어들면 무명이 된다.

데리다의 글쓰기는 독특한 윤리성에 의해 이루어진다. 그의 글쓰기는 '나선형'으로 이루어진다. 최첨단은 날카롭게 미지를 파헤치며 어떤 담론 형식에도 오염되지 않는 글쓰기를 시도한다. 다른 한 편에서는 문학과 철학의 기억을 모두 간직한 거대한 출구면서 입구가 되는 글쓰기를 희망한다.[57] 프로메테우스가 첨단의 표현 영역을 담당한다면, 에피메테우스는 그 반대편 무명의 그물로서 플롯을 담당한다. 그 둘 사이를 잇는 선이 스타일이다.

스타일은 기존의 것을 반복하면서 파괴하고, 파괴하면서 반복한다. 스타일은 무모할 정도로 새로운 것을 시도하지만 기존의 것을 버리지 않는다. 또 과감하게 옛것으로 돌아가지만 결코 새로운 것에 대한 추구를 등한시 하지 않는다.

프로메테우스의 영역에서 우선하는 미덕은 차이다. 에피메테우스의 영역에서는 반복이 더 우선하는 미덕이다. 스타일은 변혁에 대한 신념이나 문화적인 사명감 같은 것에 의해 추구되지 않는다. 스타일을 이끄는 것은 호기심이다. 인간의 문화의 영역을 고양하는 데 기여한 이가 프로메테우스라면 그 지평을 확장하는 데 기여한 이가 에피메테우스다. 그러나 판도라의 호기심이 없었다면 오늘날 문화의 빅뱅과 같은 확장은 불가능했을 것이다.

---

57) 강우성, 같은 논문, 17쪽.

호기심을 발동하고, 그 호기심을 따라 움직이기 위해서 주체는 의미에 얽매여 있어서는 안 된다. 주체는 능동적으로 의미망에서 분리되어 '혼자 놀 수 있는 공간'을 충분히 확보해야 한다. 능동적 움직임을 통해 '사이성'을 확대하고 강화한 주체는 마치 잘려진 손톱이 튕겨 날아가는 것처럼 '수동성의 역능'을 체현할 수 있다.

순수 욕망의 주체는 이데올로기적 사회구조 즉 상징계를 벗어나는 것을 궁극의 목표로 삼는다. 지젝이 파악하고 있는 주체이론의 핵심도 같은 맥락에 놓여 있다. 알뛰세의 자발적 소외 윤리는 우리 몸에 난 '티눈'에 비유할 수 있다. 소외된 주체는 사회(몸)에 끊임없이 고통을 가하면서, 사회로부터 분리를 감행하면서 끝내 분리되지 않기 위해 박혀 있다.

반면 라캉의 분리는 우리 몸의 '손톱'에 비유할 수 있다. 우리 몸에서 소격된 손톱이나 발톱은 몸과 몸 바깥 사이에 놓여 경계를 이룬다. 이 경계는 우리 몸과 단단하게 연결되어 있으면서, 끊임없이 몸으로부터 벗어난다. 소격은 누군가에게 고통을 주는 것이 아니라 정체성을 부여하고, 그를 고통으로부터 지켜내는 역할을 한다. 그리고 떨어져 나갈 때는 몸이 발현할 수 있는 가장 강력한 분리의 에너지로 튕겨 오를 수도 있다.

순수 욕망과 변화의 원동력

순수 욕망과 변화의 원동력

1. 도입

순수의 층위는 다르다. 상상계의 순수는 어린아이와 같은 순수다. 어린아이는 자신의 순수성을 간파하지 못한다. 낭만주의자들은 이런 순수를 꿈꾼다. 상징계의 순수는 삶의 순수와 언어의 순수가 함께 있다. 둘은 상보(相補), 상충(相衝)의 긴장을 유지하고 있다. 앎을 실천으로 옮기는 혁명가의 순수와 앎의 깊이를 더하고자 하는 학자의 순수가 공존하고 있다. 초월자들의 순수도 있다. 해탈에 다다른 듯 염화미소가 그들의 순수를 표상하는 언어다. 이 셋 혹은 넷의 순수가 경합하는 장이 문화의 장이다. 어떤 순수를 지향하느냐에 따라 사물, 행위에 대한 판단도 달라질 수밖에 없다. 순수는 윤리성을 발현하는 동인으로 작동하고 있는 것이다.

현실을 삶의 근원이자 원천이라고 보는 실용주의자들에게 어린아이의 순수는 잠시 쉬어갈 수 있는 곳이고, 초월적 순수는 현실의 삶에 집중하는 것을 방해하는 것이다. 이들은 좀 더 견고한 상징의 틀을 마련해 사람들이 현실의 삶에 집중하도록 한다. 그리고 때로 사랑이나 이별의 상황 등 슬픔·기쁨의 감정에 휩싸일 때, 상상계의 순수를 호출하거나 상상계로 되돌아가 정서적 공유를 이룰 수 있도록 배려한다. 이것은 또 다른 세계에 대한 상상으로 이어지지 못한다. 현실적인 관점에서 보면 상상의 세계는 너무 유치하기 그지없기 때문이다.

순수의 욕망은 순수에 대한 욕망이 아니다. 그 욕망은 금세 현실에 의해서 은폐, 조작, 가공되기 십상이다. '순수'가 어떤 것이라고 규정되는 순간, 곧바로 변질되기 때문이다. '순수의 욕망'은 '욕망의 순수'이다. 어떤 것을 욕망하는 것이 아니라, 아무것도 욕망하지 않는 욕망, 그 자체이다. 죽음을 욕망하지 않으면서 불로 뛰어드는 불나방의 은유마저 '불'이라는 수사를 획득함으로써 가공되어버린다. 라캉은 인간의 법, 도덕, 선을 거부하고, 실재계 곧 신의 법을 따르는 '안티고네'를 순수 욕망의 발현자로 본다.

> 〈안티고네〉에서 안티고네의 죽음은 그녀가 신봉하는 신의 법의 극단적 실현의 결과이고 이러한 죽음을 통해 스스로를 윤리적 주체로 구성한다는 점에서 비존재를 통한 존재 제시의 예화라 할 수 있다. 이것이 순수 욕망이다. 순수 욕망은 단순한 자살 욕망이 아니다. 오히려 개인의 소멸을 통해 존재의 무적 본성을 드러내면서 거기에서 상징적 질서의 재구조화를 가능하게 한다는 점에서 더 적극적인 행동이다. 소멸이란 능동적 의미에서 주체의 무적 차원을 발견하는 것인데 라캉은 이를 분석의 끝에서 도달해야할 '주체적 궁핍'이라고 말한다.[58]

상상계에서 분출된 자기에 대한 욕구가 상징계라는 단단한 껍질을 부수고 실재계에 도달하기 위해 전제되어야 할 것이 '순수 욕망'이다. 이 순수 욕망은 상상계에서는 오직 에너지 상태로만 존재한다. 그때 '충동'은 가장 강렬한 힘으로 응축할 수 있다. 그리고 상징계에서는 최소한의 논리를 가지고 있어야 한다. 그래야만 다른 언어들과 최소한의 소통을 할 수 있기 때문이다. 상징계에서 순수 욕망이 지닌 논리는 바로 '죽음도 불사하다'이다. 그리고 죽음마저 불사하면 끝내 모든 언어를 '무적(無的)'으로 만들어 버리고 도달한 곳에서 주체는 정체모를 허기를 느낀다. 이 허기로 주체는 가장 강력하게 가로막고 있던 상징의 마지막 벽을 홀로그램처럼 통과해 버릴 수 있는 것이다.

'순수의 욕망, 욕망의 순수'가 발현할 때 그것을 '충동'이라고 한다. 가장 강력하고 순수한 충동은 죽음 충동이다. 뚜렷한 목적이나 의사가 없다는 것을 확신할 수 있는 거의 유일한 충동이기 때문이다. 모든 죽음이 순수 욕망의 발현은 아니다. 자살이나 타살은 '순수 욕망'의 발현이 아니다. 자연사라고 하는 것도 오직 목적일 수 없는 죽음을 향해 능동적으로, 자의에 의해 비약해 간 것이 아니기 때문에 '순수 욕망'의 발현이라고 할 수 없다. 모든 죽음은 순수 욕망으로서 죽음 충동에 의해 이루어진 것이 아니다. '죽음 충동'의 죽음은 우리가 알고 있는 죽음과는 다른 죽음이다.

라캉은 상징계의 죽음을 말한다. 위험의 신호를 알리기 위해 머리로 종을 울리고 죽은 까치처럼 견고한 상징의 벽에 온몸으로 날카롭게 부딪혀 보는 것이다. 물론 기존의 상상계를 딛고 비약해 상징계를 통과해 보려는

58) 김석, 같은 논문, 85쪽.

시도는 실현 불가능할 수 밖에 없었다. 시도 자체에 의의를 두는 자기만족의 행위에 그쳤다. 다채로운 철학적 시도는 공동체에는 거의 영향을 주지 못했다.

자기 각성이나 자신의 언어를 찾는 것은 상징계의 일이 아니다. 여기에서는 여럿의 삶이 이루어지기 때문에 자신만의 언어나 자신만의 가치는 다른 사람에게는 폭력으로 다가설 수 있다. 명석판명한 언어의 추구는 이제 상징계가 아니라 상상계에서 시도할 필요가 있다. 순수 욕망은 좀 더 무(無)로서의 자기 정체를 언어적으로 공고히 구축하고 도약할 필요가 있다.

> '순수욕망'은 결국 상징계를 넘어서는 실재를 드러내는 데 여기서 욕망에 내재한 정치적 함의가 깔려 있다. 욕망의 윤리는 실제의 열정을 포함하기 때문에 정치적 기획을 본성으로 가질 수밖에 없다.〈략〉 정신분석의 윤리는 조화와 통일을 강조하는 선의 윤리, 즉 지배자의 윤리가 지니는 한계를 폭로하면서 상징계의 계속된 재구성화를 가능하게 만든다.[59]

정신분석 윤리의 한계는 균열이나 해체를 조장하는 데까지 나아가지는 못한다. 지배자의 윤리는 한계를 폭로하지만 그것은 지배 형태의 개선을 가져오기도 한다. 그리고 더 빈번히 예술적인 공감을 통해 억압을 해소하고, 현실로 되돌려 보내는 기능을 담당한다. 마음을 정화시키는 웃음이 끝내 공허한 것은 그것이 언어로 남지 못하고 소리로 흩어져 버리기 때문이다.

무(無)로서의 순수 욕망은 상징계에 들어서자 상징적 의미 자체를 무시

59) 김석, 같은 논문, 93쪽.

하고 초월하려고 하는 의지를 갖게 된다. 이 욕망의 윤리가 작동하는 것은 상징계에서는 쉬운 일은 아니다. 또 작동을 시작했다고 하더라도 현실에 미치는 영향은 미미하다. 그러나 이 순수한 행위의 가장 강력한 힘은 상징계로 환원되기를 거부한다는 것이다. 상징계에서 명확하게 드러나더라도 상징계의 일부 즉 현실의 일부로서 드러나지 않는다. 따라서 상징계의 실제를 훼손하지 않는다. 현실에서 직접 재현되는 대신, '극장'을 구축함으로써 현실로부터 스스로 소격한다.

2. 변증법과 신실용주의

인간의 정신문화 발전에 결정적으로 공헌한 이는 헤겔이다. 그는 정반합의 변증법을 통해 고대 그리스 시대로 회귀하려는 사유를 돌려 근대 이성의 도약을 이끌었다. 공간의 경계성, 사이성은 좀 더 유연한 변증법, 변증법을 넘어서는 변증법적 진전을 모색할 수 있게 한다. 윤리와 기술성의 변증법은 그 대상의 모호성으로 인해 비규정성의 변증법이 가능하다. '대상성'을 중심으로 한 변증법으로는 공간의 역동성을 충분히 살릴 수 없는 까닭이다.

이성적 사유를 전개하는 가장 유력한 방식은 변증법이다. 변증법의 변모 양상을 보면 인류가 추구해온 정신적 삶의 가치를 가늠할 수 있다. 변증술을 사유의 원리로 정착시킨 이가 헤겔이다. 인간 정신의 진보가 법칙처럼 명백해진 것이다. 우리는 앞선 세대보다 수차례 더 '합'의 진보를 거듭한 사유를 하고 있다. 어떤 방식으로건 어떤 의미에서건 우리는 플라톤, 아리스토텔레스보다 진보한 사유를 하고 있다. 헤겔에 의해 근대이성은 고대 그리스가 아니라 미래로 선수를 돌릴 수 있었다.

헤겔의 변증법은 인간의 위상을 정신적인 측면에서 확고하게 뒷받침한다. 그것을 배경으로 삼아 인간은 합리적 이성을 앞세워 자연을 지배할 수 있다고 생각했다. 이런 사유의 패턴은 자연과 인간과의 관계에만 국한되지 않았다. 자신들을 선택받은 민족이라고 자부한 이들은 타 민족을 '타자'로 삼아, 자신처럼 만들려고 하였다. '식민(植民)'이라는 명목으로 다른 가치를 지향하는 민족을 자신의 지배하에 두게 된다.

자연과 타자에 대한 폭력의 현실적인 배경은 자본이다. 그것을 뒷받침하는 정신적 배경에 자리하고 있는 것이 '정반합'이었다. 대 자연과의 변증법에서 인간은 언제나 '정(正)'의 자리를 차지했다. 타자와의 변증법에서 정(正)의 자리는 언제나 자아의 몫이었다. 헤겔의 변증법은 언제 어디서나 '정변증법'이었다.

인간이 합리적 이성으로 자연을 지배할 수 있다는 신념이 가장 비합리적이라고 비판하고 나선 이는 아도르노다. 아도르노는 인간 중심의 변증법의 폭력성을 적극적으로 폭로한다. 그는 변증법의 틀(원리)을 그대로 유지하면서 '정반합'의 변증법이 아니라 '반정합'의 변증법을 전개한다. '합'은 더 이상 '정(正)'의 것이 아니라 '반(反)'의 것이기도 해야 한다는 것이 아도르노 부정(不正)변증법의 요체이다. 아도르노의 부정변증법은 헤겔의 정변증법을 위반하고 전복한다. 그러나 변증법의 원리 자체에 손상을 가하지는 않는다.

변증법의 원리 자체를 거부한 이는 들뢰즈다. 들뢰즈에게 자아는 자아이고, 타자는 타자이다. 둘 사이의 관계를 통해 변화를 꾀하려면 둘의 훼손을 전제하지 않으면 안 된다. 들뢰즈에게 인간은 모든 가능성을 지닌 우주며 대지다. 아름드리 느티나무는 씨앗과 대지의 변증법에서 나온 '합'이 아니다. 손가락으로 집을 수조차 없이 작은 느티나무 씨앗에 거대한 느티나무가 들어있다는 것은 억지다. 느티나무는 씨앗에 들어있던 것이 아니라 대지의 가능성이었다. 그 가능성이 드러나도록 대지를 두드리고 스스로 문이 된 것이 씨앗이다. 들뢰즈에게 변증법은 미미하고 하찮은 것들이 세상을 지배하는 데 앞세우는 기만, 거짓 논리에 불과한 것이다. 들뢰즈는 변증법을 혐오스럽게 여기지만, 변증법에 대한 혐오 없이는 '비(非)변증법' 도 전개할 수 없다는 점에서, 언제나 헤겔과 함께 할 수밖에 없다.

반(反)·정(正)으로의 자리바꿈, 변증법적 원리 자체에 대한 회의와 함께 '합(合)' 에 대한 의심도 이루어진다. '합(合)' 은 새로운 변화, 생성이 다른 이름이라는 것을 의심하지 않았다. 그런데 합(合)을 생성이 아니라 사라짐, 무(無)로 대체하는 사유를 전개한 이가 있다. 블랑쇼는 정과 반, 혹은 반과 정이 만나면 정은 정의 정체성을 상실하고, 반은 반의 정체성을 상실함으로써 둘은 무의 상태, 중성의 상태, 영도의 상태가 된다. 이로써 '생전 처음인 공동체(合)를 형성해, 최선의 자유를 만끽하고, 최대치의 가능성이 될 수 있다고 말한다. 블랑쇼의 사유는 태어나는 사라짐의 사유이며, 소멸하는 해방의 사유라고 할 수 있다.

변증법이라고 적시하고 있는 것은 아니지만 사유의 변화는 그치지 않고 계속되고 있다. 범박하게 말하면 실용주의는 자본주의의 미국식 이름에 해당한다. 현실의 이익, 효과를 최우선의 가치로 둔다. 사유보다는 실생활의 유용성에 가치를 두는 생활의 철학, 상식의 철학이라고 할 수 있다. 실용주의의 세속성을 전복하면서 새로운 실용주의적 사유를 전개한 이가 리처드 로티이다. 그는 사유의 새로운 패턴을 제안한다. 로티는 공동체의 일원으로서 '나' 와 자유의 근원으로서의 '나' 를 명확하게 구분할 것을 제안한다. 사회의 일원으로서 '나' 와 자아 창조의 주체로서 '나' 가 꼭 같은 가치를 추구할 필요가 있느냐는 것이다. 타인이나 다른 공동체와의 갈등보다 사회의 일원으로서 '나'와 사적인 '나'의 갈등이 좀 더 원초적인 갈등에 해당한다. 둘을 아예 분리해서 갈등의 소지를 없애면 자연스럽게 현실의 갈등도 해소될 것이다. 이를 통해 사회의 안정성을 높일 수 있다는 것이 로티 사유의 핵심에 자리하고 있다.

사회의 일원으로서 나는 공적 가치를 추구하고, 개인으로서 나는 공적 가치와 다른 사적 가치를 추구할 수 있다. 이 말을 액면 그대로 받아들이면 신실용주의는 이중생활을 권장하는 것처럼 보인다. 그래서 또 하나의 '문화적 전회'가 이루어져야 한다고 로티는 말한다. 근대에 이루어진 극악적인 폭력, 사회의 안정성을 위협하는 사태는 이데올로기를 신념으로 삼고 있는 공동체에 의해 저질러졌다고 그는 진단한다. 이데올로기 곧 하나의 철학을 공유한 집단이 다른 철학을 가진 집단을 차별하고, 배척하고, 공격했다. 그러면서 집단의 일원은 사적으로는 예술을 통해, 시적 언어를 통해 내면의 자아를 정화하고, 창조하려는 노력을 기울였다. 그렇게 정화되고, 창조된 자아는 다시 공동체의 일원으로서 제 역할을 다하는 데 바쳐졌다.

문화는 투쟁의 현장이나 각축장이 아니라 경연의 장이다. 로티는 그래서 철학과 문학이 담당했던 그 동안의 역할을 바꿔야 할 때라고 말한다. 좀 더 안전한 사회를 위해서는 이데올로기의 일치가 아니라 정서적 공감대를 형성하는 것이 중요하다고 역설한다. 따라서 문화의 시대에 맞는 연대성을 강화하는 데 필요한 것은 철학적 언어가 아니라 시적 언어라고 말한다.

반면 자신의 내면을 성찰하고 자아를 창조하기 위해서 필요한 것은 개념과 경계가 애매모호한 시적 언어가 아니라 좀 더 개념적이고 명석판명한 철학의 언어다. 로티는 "아이러니스트[60]에게 이론은 연대성보다는 사적인 완성을 위한 수단이 되었다"[61]고 말한다. 사적 자아는 내면의 성찰을 통해 자기를 완성해 간다. 그리고 공동체의 일원으로서의 주체는 정서적 공감대를 바탕으로 연대성을 강화해 사회의 안정성을 높이는 데 기여한다. 이 둘은 마주 볼 필요도, 확대나 심화를 통해 포개질 필요도 없다. 굳이 로티의 신실용주의에 변증법의 이름을 부여하자면 각자 변증법, 따로 변증법이라고 할 수 있겠다.

> 이것은 당신과 내가 똑같은 어휘를 가졌느냐는 물음을 당신이 고통을 받고 있느냐라는 물음으로 구별해 낼 수 있는 능력이다. 이런 질문을 구별하는 것은 사적인 질문과 공적인 질문을, 인생관에 관한 질문과 고통에 관한 질문을, 아이러니스트의 영역과 자유주의의 영역을 구별할 수 있게 해준다. 그리하여 이러한 구별의 능력을 한 사람에게 두 영역에서 동시에 활동하는 것을 가능하게 해줄 것이다.[62]

현실 속으로 뛰어든 상징주의자는 자유의 가치를 실현하고자 한다. 그에게 꿈은 현실을 초월의 세계로 바꾸는 것이다. 반면 알레고리스트는 상징의 언어를 깨뜨리면서 현실에서 충분히 자유를 누린 사람들이다. 알레고리스트는 상징을 꿰뚫고 표현의 세계로 파고들어가는 아이러니스트로 변모한다. 그가 추구하는 것은 마지막 어휘이다. 한 사람에게서 아이러니스트와 자유주의자의 병치가 가능한가. 아니면 자유주의적 아이러니스트

---

60) 로티는 아이러니스트들은 문학가(시인)들이라고 말한다. 아이러니스트는 세속화된 상징주의자이자, 초월적인 알레고리스트다. 그는 이들과 구분해서 철학자라를 이론가라고 부른다.

61) 로티(1996), 같은 책, 183쪽.

62) 로티(1996), 같은 책, 359쪽.

거나, 아이러니적 자유주의자를 지향해야 하는가. 어떤 것이 두 영역에서 동시에 제대로 활동하는 것인가에 대해 고민해 볼 차례다.

3. 순수욕망의 '비순수성'

1) 욕망의 층위

문화의 윤리는 규범 윤리보다는 행위와 직결된 실천 윤리에 가깝다. 규범 윤리가 일방향의 윤리라면 실천 윤리는 쌍방향의 윤리 곧 교환의 윤리, 소통의 윤리라고 할 수 있다.

> 소통은 곧 윤리적인 문제가 추상적인 이론만으로 다룰 수 없는 문화라는 큰 틀에서 조명될 필요가 있음을 인정하는 것이다. 물론 현실에서 제기되는 도덕적 난제를 해결할 수 있는 실마리 또한 기존의 규범 윤리가 수행해왔던 수준이나 차원의 이론만으로는 엄연한 한계가 있음을 더불어 인정해야만 할 것이다.[63]

소통은 구체적인 것들이 오갈 때 하나의 행위로 드러난다. 이 행위는 더 이상 현실의 시공간에 국한에서 일어나지 않는다. 문화는 시·공간적 제약을 거의 받지 않는 장소성을 행위에 제공한다. 문화의 변모에 결과가 영향

63) 김민웅, 같은 논문, 217-8쪽.

을 미치는 것은 매우 제한적이다. 결과보다는 흔적을 남기는 방법, 과정이 중요하다. 이것이 문화의 결을 만들기 때문이다.

문화는 현재적인 것이다. 이데올로기로 똘똘 뭉친 집단의 행동이 드러낸 폭력을 우리는 근대기에 고스란히 감내해 왔다. 이에 대한 반성의 하나로 제기된 것이 감성적 공감대에 기반을 둔 연대성의 강화이다.

> 요점은 인간은 지각이나 정신 모두 감정의 상징 모델에 이끌림이 없이는 충분히 정밀하게 형성될 수 없다는 것이다. 결심을 하려면, 우리는 사물에 대해서 우리가 어떻게 느끼는지를 알아야만 한다. 그리고 우리가 사물에 대해서 어떻게 느끼는지를 알려면, 우리는 단지 의례와 신화 그리고 예술만이 느낄 수 있는 감정의 공적 이미지를 필요로 한다.[64]

느낀 대로, 지각한 대로, 주체들은 스스로를 위장하지 않고, 타자를 기만하지 않고 행동할 수 있어야 한다. 그러기 위해서 필요한 것이 감정의 공적 이미지이다. 이것은 일종의 감정의 플롯이라고 할 수 있다. 웃을 때, 울 때 우리가 함께 할 수 있는 것은 이러한 '감정의 플롯'이 작동하기 때문이다. 이것은 공동체의 중요한 표지이기도 하다.

기술은 현실적인 문제다. 현실에서 실질적으로 작동하고 있는 윤리는 층위 별로 지식윤리, 선의 윤리, 악의 윤리, 미의 윤리로 구분해 볼 수 있다. 지식 윤리는 현실과 괴리된 윤리이다. 윤리가 행위를 동반하지 않고, 행위로서 실천되지 않으면 또 하나의 휴머니즘으로 고착할 우려가 있다.

---

64) 클리퍼드 기어츠(2012), 같은 책, 107쪽.

모노가 주창하는 '지식의 윤리'가 그렇다. 초월의 창조자 및 지식의 보고로서 인간을 존중한다는 의미에서 휴머니즘이라고 할 수 있다. 지식이 생물존재의 충동, 정열, 요청 그리고 한계에 대해 명석한 평가를 내릴 수 있다고 믿는다. 지식의 윤리를 통해 인간 안에서 동물의 모습을 인정할 수도 있다는 것이다.[65] 자신에 대한 신(神)을 자임한다는 점에서 지식의 윤리는 신의 법을 수행하는 윤리의 지식이라고 할 만한다.

'선'은 자신을 위장(분장)하고, 타인을 기만할 때 최대의 효과를 거둘 수 있다. 표면적인 화해, 균형은 선을 통해서 가능하다. 공동체의 표피적 결속은 선을 통해 이루어질 수 있다. 이렇게 조성(조장)된 공동체의 내면에서는 주체들이 상상계를 공유한다. 요즘 회자되고 있는 집단지성을 차용하면 집단감성이라고 할 수 있겠다. 이 주체들은 유아단계에서 성장을 멈춘 상태다. 선의 윤리에 기반을 둔 공동체의 내면은 유아적인 결속을 넘어 서기 어렵다.

> 선의 윤리는 이데올로기나 유토피아, 즉 이상적인 것을 강조하는 상상계에 의존하는 문제가 있다. 선이 설정하는 이상(좋음, 행복, 완전함)은 현실의 중핵을 이루는 실재가 아니라 자아의 나르시시즘이 투영된 상상적 산물로 오히려 실재를 은폐한다. 라캉은 오히려 선이 아니라 악이 더 윤리에 가까울 수 있다고 말하는데 악이 선의 한계와 모순을 더 잘 드러내기 때문이다. 선의 윤리가 추구하는 이상은 결국 그 상태를 절대화하면서 자아를 중심으로 선을 확장하는 위험성이 있다.[66]

---

65) 최병학, 「창과 액자-지식의 윤리와 현전의 형이상학」, 『윤리교육연구』 제5권, 한국윤리교육학회, 2004, 186쪽.
66) 김석, 같은 논문, 76쪽.

사회가 지속성을 유지하기 위해서 공동체의 표면은 '선(善)의 윤리' 에 의해 작동되어야 한다. 그러나 그 상태에만 머물게 되면 공동체는 변화의 동력을 상실하게 된다. 그렇다고 공동체의 표면으로 '악(惡)' 으로 규정된 것들을 불러내 '선(善)' 을 자극하면 사회적 삶은 보존되기 힘들다. 혼란을 최소화 하면서 역동성을 극대화 하는 방식은 '기만' 이다. '위(僞)' 의 기술을 작동시키면, 선은 위선(僞善)으로 악은 위악(僞惡)으로 비틀 수 있다. 위선(僞善)과 위악(僞惡)은 '진실된 거짓, 거짓된 진실' 이라는 아포리즘만큼이나 의미의 확정을 연기한다. 뫼비우스 띠와 같은 공전(空轉)을 거듭함으로써 기술성의 에너지를 확보한다.

위선(僞善)은 화해와 통합을 위해서 본보기처럼 어떤 것(~인 것, ~한 것)을 악(惡)으로 규정하고 철저히 배척한다. 차별, 배척을 통해 나머지의 통합을 이루려는 전략이다. 이것은 논리적 필연성을 바탕으로 이루어지기 때문에 이데올로기적이다. 실제로는 차별받고, 배척되면서도 자신이 차별하고, 배척하는 사람이라고 생각하는 사람들이 많다. 이러한 전략을 통해 자본이나 현실 정치에서는 극소수에 의한 다수 대중의 지배가 가능하다.

2) 순수 욕망의 소격성

이런 모순적인 관계를 깨뜨리는 데 유용한 것이 데리다의 해체 개념이다. 데리다의 해체는 기존의 것들을 막무가내로 부수는 데 사용할 수 있는 개념이 아니다. 이데올로기는 헤겔의 사유에 기대 전개한다. 헤겔은 "'모순' 관계가 개념들 사이에서가 아니라 명제 사이에서 유지될 수 있다."[67] 고 말한다. 참, 거짓이 분명한 명제는 피아(彼我)를 식별하는 기준이 된다.

데리다가 깨뜨리고 싶은 것은 바로 이런 명제들이다. 데리다는 필연성의 명제에 종속된 언어들이 강탈당한 '우연성'을 해체를 통해 회복하고자 한다. 데리다의 해체를 로티 식으로 말하면 '그릇된 독해 방법'이다.

> 우리가 현재 가지고 있는 것보다 더 폭넓은 연대성의 의미를 〈창조〉하도록 우리 스스로에게 권유하는 것이다. 그릇된 독해의 방법은 그런 연대성을 우리가 인식하기에 앞서서 존재하는 것이라고 〈인식〉하도록 권유하는 것이다.[68]

해체를 통해서 언어는 질료성을 회복한다. 우리는 명제 곧 이데올로기가 아니라 '감성'을 공유할 수 있다. 로티가 꿈꾸는 새로운 공동체는 이데올로기의 공동체가 아니라 정서적 공감대의 공동체다. 기쁨과 희망의 공동체가 아니라 고통과 굴욕의 공동체이다. 타자의 고통과 굴욕은 현재적이다. 타인의 고통과 굴욕에 합리적이고 이성적인 사유로 접근한다면 타자는 여전히 '그들'이다. 우리와 그들의 사이를 좁히기 위해서는 합리적 이성보다는 감성적 공감대가 필요한 것이다.

> 자기 의심은 타자의 고통과 굴욕에 대한 자신의 감수성에 관한 것이며, 현재의 사회 제도들이 이런 고통과 굴욕을 다루기에 적합한 것이냐에 대한 의심이며, 가능한 대안에 관한 호기심이다. 인간성 자체와 인간

---

67) 로티1996), 같은 책, 250쪽.
68) 로티(1996), 같은 책, 355쪽.

의 연대성을 동일시하는 것은 내가 보기엔 불가능하다. 이것을 철학자의 고안물이며, 신과 같이 된다는 생각을 세속화하려는 조야한 시도이다.[69]

신과 같이 되려는 생각을 '선(善)'이라고 한다면 그 위장을 스스로 의심하고 폭로하면서 우리는 좀 더 위선(僞善)적일 필요가 있다. 또한 정서적 연대가 과도해지면 동물적 연대라는 비난이 지식윤리로부터 쏟아질 것이 뻔하다. 선의 유리가 규정한 악(惡)으로 떨어지지 않기 위해서는 좀 더 '위악(僞惡)'적일 필요가 있다. 위선(僞善)과 위악(僞惡) 사이의 역동적인 관계를 '스타일'이라고 부를 수 있다. 스타일은 순수 욕망을 에너지의 원천으로 산는다. 선(善)이 동반사로 삼고 있는 쾌락의 반대편에 순수 욕망은 자리하고 있다.

굴욕과 고통의 공동체를 망각하게 하고 얻는 쾌락은 위장한 것이다. 상징의 닫힌 구조를 넘어서기 위해서 주체는 자발적으로 스스로를 상실하지 않으면 안 된다. 사회구조는 완결되고 닫힌 구조처럼 보이지만 수많은 균열을 내재하고 있다. 분열의 틈새를 메우고 마치 균열이 없는 것처럼 위장하는 것이 선의 윤리이다. 사회는 원래 열린 구조라고 읽는 것이 곧 '그릇된 독법'이다.

스스로를 상실한 주체는 이데올로기적 구조 내에서 자신을 실현하는 것이 아니라 구조의 틈새, 이데올로기의 균열을 파고든다. 그리고 바깥으로 뚫고 나가기 위해 상징적 죽음을 감수한다. 상징계와 실재계의 경계는 일종의 매트릭스(Matrix)다. 이 텅 빈 공간은 상징적 주체가 소멸하는 장소

69) 로티(1996), 같은 책, 359쪽.

이자, 순수 욕망의 주체가 생겨나는 인공자궁(Matrix)이다. 주체는 순수 욕망의 실현을 꿈꿀 수 있게 되는 것이다.

> 알튀세의 이데올로기 이론이 주체가 이데올로기적 호명을 통해서 구성되고 종속되는 것을 보여준다면, 지젝은 라깡의 정신분석학 주체가 이데올로기에 의해서 호명되지만 이데올로기적 언명을 거부하는 과격한 몸짓을 통해서 이데올로기로부터의 해방과 분리를 추구하는 욕망의 주체임을 보여주는 것이다.[70]

주체는 무엇인가를 갈구하고, 찾는 행위로부터 비롯한다. 무엇인가를 탐구하기 위해서는 대상과의 적정한 거리가 유지되어야 한다. 거리를 만드는 대표적인 방법은 소외와 소격이다. 둘은 자발성의 강도에 따라 구분할 수 있다. 라캉은 순수 욕망의 주체는 소외가 아닌 분리에서 출현한다고 말했다.

> 소외에서의 주체가 대타자의 기표에 가려져 소멸되는 기표의 효과라면, 분리에서의 주체는 기표의 균열에서 타자의 욕망을 통해 스스로 욕망하게 되는 욕망의 주체이다.[71]

소외와 분리의 차이를 우리 몸으로 비유하자면 '티눈과 손톱' 차이라고

70) 양석원, 「욕망의 주체와 윤리적 행위-라깡과 지젝의 주체이론」, 『안과밖』 제10집, 영미문학연구회, 2001, 294쪽.
71) 양석원, 같은 논문, 278쪽.

할 수 있을 것이다. 티눈은 몸이었던 부분이 몸이 아닌 것으로 된 것이다. 이것은 대타자인 몸에 불편함과 자극을 주겠지만, 결국 대타자의 기표에 가려져 소멸된다. 반면 손톱은 대타자인 몸과 완전히 구분되는 것이지만, 몸이 손톱에 절대적으로 의지한다. 몸에서 자라나온 몸 아닌 손톱을 깎을 때의 튕겨 오르는 이미지는 '소격'의 역동성을 상상하게 해 준다.

4. 나선(螺旋)의 변증법

순수 욕망의 주체는 분리, 소격을 통해 발현된 상승의 에너지를 응축한다. 그리고 상징적인 죽음에 자발적으로 임해 간다. 이것은 죽음 자체에 대한 욕망이 아니라 죽음 이후 죽음 너머에 대한 욕망이다.

> 주판치치치는 욕망의 무한과 향유(충동)의 무한을 구별하면서 순수 욕망에서 충동을 이행하는 것이 정신분석 윤리의 진정한 내용이라고 말한다. 그러나 순수 욕망이 존재를 실재의 영역으로 승화시키는 원동력임을 볼 때 우리는 욕망의 충동을 단계적으로 이해하기보다는 변증법적인 연속성의 시각에서 바라봐야 할 것이다. 정신분석의 윤리는 실재의 윤리이기도 하다. 그리고 그것을 실현하는 주체는 미의 주체이기도 하다.[72]

순수 욕망은 솟구쳐 오르는 힘의 원천이다. 충동은 변곡하는, 뚫고 나가

72) 김석, 같은 논문, 87쪽.

는 힘의 근원이다. 둘은 순차적으로 오는 것이 아니라 우발적으로 동시에 배치된다. 우리가 지금까지 알고 있었던 변증법의 방식으로는 구축할 수 없는 것이다. 기존의 변증법이 마주보는 변증법이라는 연속성의 변증법은 뚫고 오르는 변증법이다. 뚫고 오르기 위해서는 본질적인 비틀기가 선행되어야 한다.

> 소외가 대타자의 기표의 사슬 속에서 주체가 존재를 상실하는 것이라면, 분리는 이 기표의 사슬에서 벗어나는 것을 의미한다. 분리는 주체와 대타자와의 관계에서 "본질적인 비틀기"를 드러내고, 이 뒤틀기는 대타자에 대한 "무의식의 침범을 유발하는 뒤틀기"이다. 즉 분리는 주체가 대타자 속에서 소외되는 일방 통행적 관계가 뒤틀어져 역전이 일어난다는 것을 의미한다. 소외에서 주체가 대타자의 의미사슬에서 기표들에 의해 소실된다면, 분리에서 주체는 "의미사슬의 균열을 공격하고, 이 균열 속에서 그를 자극하는 의미의 효과가 아닌 어떤 것을 경험한다.[73]

분리를 통한 균열의 경험은 엄청난 상승에너지를 제공한다. 주체는 소외의 사슬을 비틀어서 에너지를 응축하고, 이 사슬의 회전력으로 이데올로기의 지평, 상징의 단단한 벽을 뚫고 오를 수 있다. "본질적 비틀기"의 원초성에서 얻은 회전력, 그 회전력을 최대치로 발현해 상징을 뚫고 나가는 첨단은 극단적으로 날카롭다. 그리고 그 바닥(밑둥)은 최대치까지 지평을 확장해 분리의 흔적을 최대치로 받아낼 수 있다.

---

73) 양석원, 같은 논문, 276쪽.

철학과 문학은 글쓰기에서, 사유에서, 진리 형식에서 서로 마주보거나 등을 지고 있다. 문학과 철학이 상충, 상보적인 관계를 유지하고 있다는 뜻이 아니다. 둘은 상호성보다는 개별성이 강하다. 데리다는 둘의 관계를 이렇게 말한다.

> 문학이 "모든 것의 한계에, 자신을 포함해 모든 것을 거의 넘어서는 곳에" 존재한다는 의미이고, "문학의 이름 아래 도래하고 부정되는 것은 다른 어떤 담론가도 동일시되지 못한다"는 것을 뜻한다. 요컨대 문학이나 철학을 자신의 울타리 내로 끌어들여 주체화하려 하지만 바로 그 주체화의 과정에서 철학 자신의 한계와 불구성만 드러나는, 발명이 불가능한 철학의 타자, 곧 '반복적 개체성'의 다른 이름이다.[74)]

그래서 문학도, 철학도 모두 아무것도 아닌 것에서 특별한 것으로 거듭나기 위해서는 이 강력한 상징계의 껍질을 깨고 올라서야 한다. 언어의 감옥으로부터 죽음도 불사하면서 벗어나야 한다. 그 힘을 우리는 나선형, 나선의 변증법을 통해 찾을 수 있다.

5. 분열의 긍정성

문화의 시대에 단순한 통합에서 큰 매력을 느끼는 사람은 별로 없다. 통

---

74) 강우성, 같은 논문, 25쪽.

합보다는 경계의 해체 자체 그리고 그 해체를 전제로 한 다른 통합을 추구한다. 이때의 통합은 하나로의 통합이 아니라 여러 개로의 통합이다. 해체를 통해 파편화된 사건, 사물들이 저마다 다른 통합을 이루기 위해서 필요한 것은 그때그때의 우발성을 반영한 '구체적인 힘의 벡터' 이다.

> 삶과 예술, 실천과 담론, 사회적인 것과 언어적인 것의 이분법을 구성하는 힘의 논리는 거칠게 말해 두 가지 벡터를 따른다. 첫째, 문학 텍스트 속에서의 세계의 사회적 존재성에 대한 심문, 그리고 둘째, 세계 내에서의 문학 텍스트의 사회적 존재성에 대한 물음이 그것이다. '삶으로부터 텍스트를' 향하는 첫번째 방향에서 꿈은 현실적인 삶의 경험들이 투영된 형태이며 소설은 시대의 거울이다. '텍스트로부터 삶으로' 향하는 두 번째 방향에서 꿈은 삶에서 실현될 사건들에 대한 예언이며 소설 읽기란 현실적 행위에 대한 지침이다.[75)]

텍스트는 나선의 원뿔형을 이루는 문화 장의 복판 근처에서 의미를 형성한다. 텍스트는 표현의 첨단과 마스터플롯의 저변을 동시에 품고자 한다. 공존할 수 없는 것들이 '불' 협화음 속에서 저마다 최선을 다해 불편한 공존을 시도한다. 삶으로부터 텍스트로 향하는 것이 읽기의 해석 과정이라면, 텍스트로부터 삶을 향하는 것은 쓰기의 해석이다. 둘은 같은 움직임을 보이지만 그 지향하는 힘, 곧 벡터에서 차이가 있다.

선의 윤리는 통합과 화해에 이바지하는 것을 추구한다. 반면 악의 윤리

---

75) 김수한, 같은 논문, 115쪽.

는 분열과 갈등, 경쟁을 부추긴다. 선의 윤리는 현실의 안전성을 높이는 데 결정적인 역할을 담당한다. 문화가 삶과 직결되어 있는 한, 선의 윤리를 한 축으로 삼는 것은 당연하다. 다른 한 면에서 문화는 생성, 확장, 역동성을 그 속성으로 삼는다. 악의 윤리가 조장하는 분열, 갈등과 경쟁은 문화의 확장을 추동하는 동인을 제공한다.

> 플라톤 이래 통합된 주체를 공리(公理)로 가정해온 서양철학의 역사와 그것을 분열된 주체로 대체해 버린 최근의 포스트구조주의 이후, 철학 혹은 문학이론은 정치적, 사회적 실천이라는 맥락에서 사실상 논리적 아포리아(aporia)에 빠져 있었다.[76)]

허수아비가 된 주체, 혹은 분열된 주체들과 정치적 실천, 사회적 연대를 논하는 것은 사실 녹록한 일이 아니다. 그렇다고 주체를 포기하고 타자 쪽으로 눈을 돌리는 레비나스와 이글턴의 타자의 윤리학 역시 우리 시대 윤리의 대안으로 역부족인 것 같다. 주체의 분열이 문화 역동성의 근간을 이룬다면 분열한 주체들에게 맞는 저마다의 윤리적 바탕을 제공할 수 있어야 한다.

그러면 그 역동성은 나름대로의 의미를 발할 것이고, 문화의 색채는 더욱 다양해질 것이다. 주체의 분열은 문화의 분열로, 문화의 분열의 분열로 이어질 것이다. 이것은 화합의 상대적인 의미로의 분열이 아니다. 생명이 확장하는 원리는 세포의 '분열'과 같은 의미다. 문화가 주목하는 분열의

76) 오민석, 같은 논문, 120쪽.

긍정성은 바로 문화의 다양성, 역동성, 생명성의 기본 원리가 되는 것이다.

세포의 분열과 같은 문화의 분열의 연속성은 스타일을 형성한다. 분열 자체가 스타일은 아니지만, 이 분열에 대한 '해석', '해석의 해석', '해석의 해석의 해석', '해석의 해석의 해석의 해석……' 이 이루는 나선이 곧 스타일이다. 데리다는 스타일의 문제를 해석의 해석, 해석의 문제 자체라고 말한다.[77] 로티는 이를 재서술 전략이라고 말한다.

외부에서 동력을 공급받지 않고서도 에너지를 응축하고 발현하기에 가장 좋은 구조는 '스프링' 이다. 해석에 해석이 더해지고 다시 서술되고 재서술이 더하면서 엄청난 에너지를 응축할 수 있게 되는 것이다. 이러한 응축이 가능하기 위해서는 텍스트의 '텅빔', '부재' 가 전제되어야 한다.

문학의 텅빔에 대해서 데리다는 이렇게 말한다. '그 자체로 문학적인 텍스트는 없다.', '문학은 거의 없거나 있어도 아주 조금 있고' 라는 데리다의 말을 통해 문학은 스스로 존재하지 않는 방식으로 존재 의의를 갖는다는 뜻을 내비쳤다.

> 하나의 텍스트가 지칭한다고 가정하는 궁극적인 '텍스트 바깥' 이라는 실체는 '항상 이미' 존재하지 않는 지시대상이요 허상에 불과하다. 다시 말해 데리다가 의미하는 글(writing)과 텍스트(text)는 안과 밖을 나눌 수 있는 고정된 실체가 아니며, 경험이 불가능하나 바로 그렇기 때문에 개별 텍스트들의 읽기를 가능하게 만드는 그 무엇이다. 데리다가 해체를 일컬어 '불가능한 경험' 이라고 지칭하고, 이렇게 의식불가한 공간화로서

77) 강우성, 같은 논문, 21쪽.

의 글은 '현상적인 현전의 경험 내지 그 자체로 생겨날 수 없다' 고 말한 것은 그런 이유 때문이다.[78]

데리다의 글쓰기는 펜이 아니라 지우개로 쓰는 것이다. 데리다의 글읽기는 눈으로 읽기가 아니라 손으로 더듬기이다. 존재하지 않는 문학의 '존재' 방식, 곧 끊임없이 분열하고, 그 분열을 해석하고 재해석하고, 서술하고 재서술하는 과정 자체가 곧 스타일인 셈이다.

78) 강우성, 같은 논문, 11쪽.

문화 서사와 감성 공동체

문화 서사와 감성 공동체

1. 도입

기원전 500년을 전후해서 공자가 태어나고 죽었다. 자연의 인간은 문화의 인간, 사상의 인간으로 탈바꿈한다. 공자를 중심에 두고 전 후 200여 년이 춘추전국시대다. 공자 이전 200여 년이 무력의 시대였다면, 공자 이후 200여 년은 백가쟁명(百家爭鳴)의 시대다.

《사기(史記)》에서는 제자백가를 음양가(陰陽家)·유가(儒家)·묵가(墨家)·명가(名家)·법가(法家)·도가(道家)의 6가로 분류하였다. 《한서(漢書)》〈예문지〉에는 6가에 종횡가(縱橫家)·잡가(雜家)·농가(農家)·시부가(詩賦家)·병가(兵家)·수술가(數術家)·방기가(方技家) 등 8가를 추가하여 14가(家)를 언급하기도 한다.

《한서》〈예문지〉에서 이목을 끄는 것은 '소설가(小說家)' 에 대해 다룬 부분이다. 제자백가 중 대표적인 10개의 학파를 구류십가(九流十家)라고 불렸다. 9류는 유가(儒家)·도가(道家)·음양가(陰陽家)·법가(法家)·명가(名家)·묵가(墨家)·종횡가(縱橫家)·잡가(雜家)·농가(農家)다. 여기에 소설가(小說家)가 더해져 10家가 된다. 소설가는 세상의 일, 사건을 수집해서 이야기로 만들고, 기록으로 남겨 전했다. 『한서』 제30권 「예문지」에는 "소설가는 패관(稗官), 즉 민간의 풍속이나 정사(政事)를 살피기 위해 길거리의 이야기, 시장 바닥의 이야기 등을 모아 기록하는 일을 하던 벼슬아치로부터 발생되었다"고 기록되어 있다.

미래학자 롤프 옌센은 우리가 지향해야할 미래 사회를 '드림소사이어티'로 제시하고 있다. 드림 소사이어티는 '스토리'가 자원이자 재산이 되는 사회다. 한국에 몇 차례 다녀간 적이 있는 그는 한국을 볼 때 가장 안타까운 점은 이야기를 방치하고, 스스로 잊고, 의도적으로 잃어버리는 것이라고 말한 적이 있다.

"이야기를 좋아하면 가난하게 산다."는 말만큼 문화의 시대에 어울리지 않는 말도 없을 것이다. 이 말을 일제의 우리 역사 말살, 왜곡과 맞물려 해석하는 사람도 있다. 혹자는 오직 '돈'만을 추구하는 자본주의의 속도에 발맞추는 데 이야기는 별 도움이 되지 않았기 때문이라고 한다. 또 다른 한편에서는 자본주의 스스로 자신의 치부를 들키지 않기 위해서 사건을 분석하고, 해석하고, 전파하고, 전승하는 데 탁월한 이야기를 유폐시킨 것이라고 말하기도 한다.

옌센은 '이야기를 좋아하는 사람이 드림소사이어티의 주역이다'고 말한다. 백가쟁명의 시대로부터 2,500여 년이 흐른 지금, 9가10류 중에서 단연 최고의 자리를 점하고 있는 것은 소설가(小說家)다. 그러나 문화 시대의 소설가는 예전의 패관도 아니고, 픽션의 생산자인 근대의 소설가도 아니다. 그는 '문화 서사'를 작동해, 문화를 생산하는 사람이다.

2. 문화서사의 확장

최근에 무아레(Moiré)라는 말을 알게 되었다(savoir). 이 말을 제대로 알게 되었다(connaitre)는 말은 아니다. 이 말은 프랑스어인데 '물'과 어감이 비슷하지 않았으면 금세 잊었을 것이다. 물이 들고 나기를 반복하면서 한 번도 반복하지 않은 흔적들이 겹치고, 겹치고, 겹쳐져 만들어낸 하나의 패턴, 물결무늬를 '무아레'라고 한다. 그러나 시간의 차이가 있다고 해서 이 흔적들은 층을 이루며 쌓인 것이 아니다. 이 흔적들은 모두 동시성을 획득한 것이다. '무아레'는 고고학의 용어이나, 인류학의 용어가 아니라, 문화의 용어로 적합한 이유다.

이것은 고고학적으로 무늬가 시간 표지를 가지고 덧씌여져 있는 것이 아니다. 즉 두께를 가진 패턴이 아니라는 말이다. 기어츠는『슬픈 열대』를 예로 들어 '무아레'를 설명한다.

> 우리가『슬픈열대』에서 발견하는 것은 위계적으로 배치되어 있거나 표면에서 심층을 향해 배치되어 있는 텍스트가 아니며, 한 층 한 층 벗겨나가면서 더 깊이 파고 들어가는 식으로 해석할 수 있는, 하나의 텍스트 속에 숨겨진 또 다른 텍스트 따위가 아니다. 우리 앞에 놓여 있는 것은 동시에 발생해서 서로 경쟁하고, 때로는 같은 층위에 존재하면서 상호간섭하는 텍스트이다.[79]

---

79) 클리퍼드 기어츠(2014), 같은 책, 48쪽.

문화 서사는 다채로운 서사들의 경연장이다. 거의 한결 같은 모습으로 반복되지만, 단 한 번도 같은 모양을 반복하지 않는 꿈틀거리는 플롯이 문화서사이다.

인간의 공동체는 생존에 필수적인 것들을 단위로 형성되었다. 가족은 '식(食)' 공동체다. '의(衣)' 공동체는 좀 더 큰 규모에서 형성되었으며, 좀 더 강렬한 응집력이 요구되었다. 특정집단이나 민족을 상징하는 옷도 있다. '주(住)'의 집단성은 그 주거 형태에서는 가장 큰 공동체를 구성한다고 할 수 있다. 그 계급 안에서는 공동체보다는 계층, 계급을 나타내는 경우가 이제는 흔하다. 그렇다면 문화의 시대에는 무엇이 공동체의 특성을 가장 명확하게, 그러면서 유연하게 나타낼 수 있는 것은 무엇인가?

오늘날 우리의 공동체성을 가장 잘 그려내는 것은 언어 그리고 기술성이라고 할 수 있다. 프로메테우스가 전해준 '불'은 '에너지'의 다른 이름이다. 저 멀리 하늘에 있는 태양을 인간은 이제 저마다의 거처에서 품게 되었다. 이로부터 얻게 된 잉여의 에너지에서 다양한 문화가 싹트게 되었다. 문화의 역동성을 나선에 비유하면 나선의 첨단은 프로메테우스가 자리한다. 여기로부터 쏟아진 마지막 어휘들이, 문화의 장에서는 최초의 언어로 활약한다. 쉴새없이 밀려드는 언어가 마지막 흔적으로 겹쳐진 무아레, 문화의 플롯이 나선의 가장 넓은 지평에서 펼쳐진다. 이곳이 에피메테우스의 영역이다.

생물학적으로 볼 때, 인간만큼 자연상태에서 생존하는 데 취약한 조건을 타고난 생물도 없다. 추위를 막아줄 털도, 사냥을 위한 이빨이나 발톱도 타고나지 못했다. 그런 악조건을 인간은 문화를 통해 극복해 왔다. 그 극복의 일거수일투족이 문화가 되었다. 인간의 삶은 점점 자연적 원천보다는 문화적 원천에 의존하게 되었다. 문화적 원천은 유의미한 상징의 축적이라고 할 수 있다. 인간은 취득한 정보를 일정한 체계를 통해 축적함으로써 정보의 접근을 용이하게 한다. 털도 없는 인간의 무모한 도전이 일궈낸 문화의 성과를 기어츠는 이렇게 말한다.

> 그러므로 그러한 상징들은 우리의 생물학적, 심리학적 사회적 존재의 단순한 표현도, 수단도, 상관물도 아니다. 그러한 존재의 전제조건인 것이다. 인간이 없으면, 분명히 문화도 없다. 그러나 더욱 중요한 것은 문화가 없으면 인간도 있을 수 없다는 사실이다.[80)]

인간이 문화를 만드는 것은 분명하나. 그 인간은 지상에 살다간 모든 인간이다. 그 개별자로서의 인간뿐만 아니라 크고 작은 공동체의 일원으로서 인간이 겹겹으로 겹쳐 있다. 그렇게 거대한 인간에 의해 구축된 문화에서 인간은 태어나고 자란다. 삶을 영위하면서 '무아레', 흔적을 남긴다. 죽어서 이름을 남긴 사람들은 이제 이야기를 남기면서 죽는다.

서사는 전승과 전파에서 그 위력을 발휘한다. 「단군신화」는 가장 성공한 스토리텔링으로 꼽힌다. 기록할 문자가 없었기 때문에 오래 전해야 할 사건이나, 널리 퍼뜨려야 할 일은 이야기로 구성했다. 가령 이러한 사실적 해석이 가능하다. 단군신화는 한반도를 둘러싼 세 부족의 이야기를 담고 있다. 호족, 웅족, 환인족이다. 이들의 부족 명칭은 일종의 토템이다. 토템은 종교적인 성격 못지않게 실용적인 성격이 강하다. 지금의 행정구역 명칭과 같은 역할을 담당했다. 토템의 흔적은 '사자', '호랑이', '독수리' 등을

---

80) 클리퍼드 기어츠(2012), 같은 책, 69쪽.

이름으로 쓰는 프로 스포츠구단의 명칭에 고스란히 남아 있다. 이후에 자신들의 상징이 된 동물을 숭배하게 되었다고 보는 것이 일반적이다.

단군신화를 곧이곧대로 받아들여 자신을 '곰'의 자손으로 믿고 있는 사람은 없을 것이다. 그렇다고 단군신화의 토대가 된 사실적 사건을 재구성해서 재현하는 것도 그리 큰 의의가 있지 않다. 단군신화는 어떤 사건 이후에 이루어진 이야기이지만, 어떤 사건은 단군신화로 인해 끊임없이 재탄생하고 있다. 따라서 「단군신화」에서 주목되는 것은 그 의미의 원형성보다는 이야기 전달 방식의 원형성이다.

> 서사는 단지 말하기 위해서뿐만 아니라 알기 위해서도 사용될 수 있는, 그리고 지식을 표현하는 것뿐만 아니라 흡수하기 위해서도 사용될 수 있는 가장 보편적인 도구이다. 더욱이 이러한 지식이 반드시 정적일 필요도 없다. 서사는 능동적인 사고를 불러일으키는 도구가 될 수 있으며, 또 실제로도 자주 그렇다. 우리가 어떤 문제에 관해 말하거나 혹은 듣게 될 때, 서사는 그 문제를 해결할 수 있도록 도와줄 수도 있다.[81)]

문화가 언어적 산물이며 언어는 문화적 산물이라는 데 토를 달 사람은 많지 않을 것이다. 언어가 효과를 발휘하는 것은 담화의 형태를 통해서이다. 인간이 하는 거의 모든 담화에 서사가 나타난다는 점에서 서사를 언어 다음가는 인간적인 특징으로 드는 이론가가 많다. 대표적인 사람이 프레드릭 제임슨과 장- 프랑수아 리오타르다. "프레드릭 제임슨은 '서사의 모

81) H. 포터 애벗, 『서사학 강의』, 문학과지성사, 2010, 34쪽.

든 정보화 과정'을 '인간 사고의 중심 기능 혹은 심급 instance'이라고 설명했다. 한편 장-프랑수아 리오타르는 서술을 '관습적 지식의 가장 본질적인 형식'이라 설명하기도 했다."[82]

서사는 단순히 이야기를 구성하는 틀이 아니라 사유의 골격에 해당한다. 서사를 기반으로 하지 않은 서술은 존재하기 힘들다. 관습적 지식조차도 서사를 본질적인 형식으로 삼아 구축된 것이다. 근대기에는 합리적 이성이 신의 자리를 대체했다. 합리적 이성이 도달할 수 있었던 목표에는 '객관'이 자리했다.

합리적 이성은 주관적 서술과 직관적 표현이 주를 이루는 쓰기마저 장악하고자 했다. 주관적 서술과 직관적 표현을 잇는 스타일은 최고도의 기술성에 해당한다. 이 기술성에 대한 합리적 이성의 장악은 기술의 전승 양식인 논문에서 가장 강력하게 시도되었다. 서사를 결여하고, 글 쓰는 주체의 움직임마저도 스스로 지우게끔 강요한 것이다. '나'는 언어의 주체이다. 이 '나'가 등장해서는 안 되는 글쓰기가 근대의 논문 쓰기이다. 언어의 주체와 언어에 버금가는 쓰기의 유전자라고 할 수 있는 서사를 결락하고 있다. 스스로 대중으로부터 유리된 쓰기를 지향하기 위한 것이라고 밖에는 달리 설명할 도리가 없다.

---

82) H. 포터 애벗, 같은 책, 18쪽.

3. 플롯의 문화, 문화의 플롯

플롯의 문화, 문화의 플롯은 파편적인 언어들의 해석가능성을 획기적으로 높여 준다. 문화는 해석 가능성을 지닌 것들의 상호 연결 체계인 것이다. 문화의 해석이 더 역동적인 것은 해석이 연결 다음에 오는 것이 아니라 연결이 해석 다음에 오는 까닭이다. 문화는 어떤 사회적 사건이나 행위, 제도 내지 과정들을 인과적으로 설명해주는 하나의 원동력은 아니라고 기어츠는 말한다. 그는 문화는 하나의 맥락이며, 그 맥락 안에서 우리는 앞서의 사회적 사건이나 행위, 제도, 과정 등을 이해할 수 있다고 덧붙이고 있다.[83] 이 맥락이 곧 플롯이다.

사적인 존재로서 나의 마지막 어휘가 공동체의 일원인 타인에게는 최초의 언어가 된다. 마찬가지로 타인의 마지막 어휘가 공동체의 일원으로서 나에게는 최초의 말인 것이다. 이것이 마지막 말의 아이러니다. 나의 마지막 어휘가 의미의 빛을 발하기 위해서는 타자(공동체)가 공유하는 최초의 언어가 되어야 한다. 이런 관계맺음을 전제로 하기 때문에 글쓰기는 윤리적일 수밖에 없다.

> 타자의 이름으로 씌어지는 윤리의 글쓰기는 무엇보다도 타자로부터 보내진, 되갚을 도리가 없이 빚진 선물이고, 그런 점에서 글쓰기의 소유권과 전유를 철폐하는 일이며 자신의 본질적 고유성이 존재하지 않음을 기꺼이 환영하는 일이다.[84]

83) 클리퍼드 기어츠(2012), 같은 책, 25쪽.
84) 강우성, 같은 논문, 25쪽.

나는 이미 마지막 어휘를 보냈음으로 타자의 공유는 '되갚을 도리가 없는 빚진 선물' 일 수밖에 없다. 인간의 본성에 기대거나 거대한 도덕적 선을 전제하고서 인간들의 관계를 규정한 것이 철학의 다른 이름인 윤리학이다. 글쓰기의 윤리와는 그 지향성이 다를 수밖에 없다.

마지막 어휘와 최초의 어휘를 서로 나누며 공유하기 위해서 필요한 것이 연대성이다. '공유' 이고 '책임' 이다. 로티는 연대성을 모든 인류에게서 핵심적인 자아, 인간적인 본질 같은 것으로 생각하지 않는다.

> 현대의 지성이 도덕적 진보에 대해 공헌한 것이 있다면, 그것은 철학이나 종교학 논문을 통해서보다는 특별한 형태의 고통과 굴욕에 대한 상세한 서술을 통해서였다고 말한 것은 이런 이유에서이다.[85)]

로티는 말하는 능력을 우리 자신과 매우 다른 사람들을 '우리' 의 영역에 포함시켜 볼 수 있는 능력이라고 말한다. 행위로 이어지는 지성의 맥락은 이성적인 글쓰기로서의 '논문' 이 아니라 감성적인 글쓰기, 말하기로서 '서술' 인 것이다.

그렇다면 글쓰기, 말하기가 가능하도록 하는 맥락이 뻗어나오기 시작하는 종패(種貝), 우주알(cosmic egg)과 같은 역할을 담당하는 것은 무엇일까. 우리가 문화의 맥락에서 돌봐야 하고, 돌아봐야 하는 것은 진리가 아니라 우리의 '자유' 라고 로티는 말한다.

---

85) 로티(1996), 같은 책, 349쪽.

> 문제되는 것은 당신에게 참인 것으로 보이는 것에 관해서 다른 사람에게 말할 수 있느냐 하는 것이지, 그것이 실재로 참이어야 하는 것은 아니다. 우리가 자유를 돌본다면, 진리는 스스로를 돌볼 수 있는 것이다. 우리가 우리의 마지막 어휘에 대해서 충분히 '아이러니컬' 한 태도를 취한다면 그리고 다른 사람의 마지막 어휘에 대해 충분히 호기심을 가지고 있다면, 우리는 도덕적 실재를 직접적으로 접촉할 수 있을지, 혹은 이데올로기에 의해 눈이 멀게 되지 않을지, 혹은 '상대주의적' 으로 허약해지지 않을지, 걱정할 필요가 없을 것이다.[86)]

가장 중요한 자유는 '다른 사람에게 말할 수 있는' 자유이다. 다시 말하면 쓸 수 있는 자유이다. 그리고 최종의 자유를 로티는 '마지막 어휘' 를 발언할 수 있는 자유라고 말한다. 이 마지막 어휘는 '아이러니' 이다. 마지막 어휘가 죽음 직전에 발언되는 유언에 가까운 것이면 그 마지막 어휘의 효과를 스스로는 맛볼 수 없다. 또 쓰기를 통해 마지막 어휘가 발언되었다면, 더 이상의 쓰기는 무용할 것이기 때문에 자신이 발휘할 수 있는 최선의 자유를 스스로가 박탈한 것이나 마찬가지가 된다.

인간이 누릴 수 있는 최후, 최고, 최선의 자유는 '마지막 말' 을 발언할 수 있는 자유이다. 자본주의 시대에 가장 큰 권능을 지닌 것은 '자본' 이다. 오랫동안 백가쟁명을 거쳐 사상을 이끌었던 것은 유가와 법가이다. 둘은 공자로부터 비롯되었다는 것이 일반적인 견해다. 유가는 죽음 이후와 관련된 것이고, 법가는 죽음 이전을 다룬다. 자본주의는 '민주주의' 를 시쳇

86) 로티(1996), 같은 책, 321쪽.

말로 '바지사장' 으로 내세우고 있다. 기회는 결코 균등하게 주어지지 않는다. '만인은 법 앞에 평등하다' 는 말을 믿는 사람은 거의 없다.

만인은 어떤 것 앞에서 평등한가. 만인에게 평등한 것이 과연 있을까? '만인은 언어 앞에서 평등하다.' '만인은 쓰기/읽기 앞에서 평등하다.' 라는 말에는 고개를 끄덕이는 사람이 많다. 돈이 있고 없고, 권력이 있고 없고를 떠나서 마지막 말을 발언할 수 있는 기회는 모두에게 꼭 한 번 주어진다. 또 하나 앎(knowing)과 함(doing)을 주고받을 수 있는 플롯 역시 만인에게 평등하게 주어진다.

마지막 어휘가 죽음에 다가가는 말이라면 플롯은 언제나 태어남이다. 마지막 어휘가 차이이고 연기되는 것이라면, 플롯은 반복이고, 흔적이다. 로티는 마지막 어휘의 맞은편에 '재서술' 을 배치한다. 개인의 자유가 극단에 다가선 표현이 마지막 어휘라면 공동체에 새로운 생명을 부여하는 것은 플롯이다. 로티의 재서술은 문화적 플롯의 다른 이름인 셈이다. 문화를 맥락이라고 보면 문화는 인간이 상상할 수 있는 것 이상의 '거대 의미망' 이라고 할 수 있다.

> 문화라는 '거대 의미망' (메가-콘텍스트) 안에서 기호와 현실, 담론과 실천은 - 최소한 잠정적으로는 - 동일한 차원에서, 같은 언어로 언급될 수 있는 가능성을 얻는다. 여기서 문화(적인 것)이라는 개념과 용어는 인식론적·존재론적 2차원성을 서로 주고 이어주는 '상징적인 고리' 가 된다.[87]

87) 김수환, 같은 논문, 113쪽.

언어 공동체는 자음과 모음 같은 음운 즉 글자를 함께 쓰는 공동체를 일컫지 않는다. 맥락이라는 차원에서 볼 때 언어 공동체는 신화를 공유한 공동체, 신화를 담고 있는 플롯을 공유하고 있는 공동체라고 할 수 있다. 그러나 이 플롯은 하나의 공동체에만 그 효과가 국한 되는 것이 아니다. 바로 상징적 고리라는 변곡점을 통해 의미의 공유성을 확장할 수 있다. 그렇게 확장된 특정 공동체의 신화는 세계 종교로서의 위상을 획득하기도 한다.

재서술은 기존의 것들을 다루는 것이기 때문에 '공유' 를 전제로 한다. 그 공유에는 '책임' 이 따르는데, 이것은 윤리와 관련된 문제이다. 그런데 이 윤리는 나 이전의 존재에 대한 윤리, 나에 앞선 서술에 대한 윤리에 머물지 않는다. 나 이후의 것들에 대한 윤리, 나 이후의 것들에 의해 앞선 존재가 된 나의 윤리이기도 하다. 내가 통과했거나 나를 통과한 것은 물론 통과하고 있는 것들의 윤리이기도 하다. 윤리의 굴곡들을 이으면 하나의 '스타일' 이 된다. 스타일은 갯벌에 밀려오고 밀려가는 썰물과 밀물처럼 한 표면에 입체적인 흔적을 새긴다. 천번 만번 억만 번의 반복으로 언제나 한결 같은 무늬를 구축(驅逐)하면서 항상 새로운 무늬를 구축(拘縮)한다.

역사적 말하기/쓰기가 과거 안에서 이루어는 대화(맥락)에 집중한다면, 문화적 말하기/쓰기는 미래 안에서 이루어는 대화(파편)에 더 집중한다. (재)서술의 역동성은 두 면이면서 한 면인, 한 면이면서 두면인 뫼비우스 띠처럼 기억(반복, 흔적)과 기대(차이, 연기)를 뒤틀어서 연결함으로써 획득하는 것이다. 나선의 연결선이 스타일이고 윤리성이며 문화의 역동성이다. 윤리와 문화 모두 인간의 삶, 행위와 분리해서 생각할 수 없다는 공통점을 가지고 있다. 오늘날 문화가 보여주고 있는 놀라운 확장성은 '뫼비우스' 의 이면으로 새로운 윤리를 호출한다.

오늘날 문화는 도덕 내지 윤리의 포괄적인 주된 분야도 아니고 그렇다고 문화가 도덕 내지 윤리의 단순한 인접 분야라고 규정하기에도 적합하지 않은 것으로서, 문화는 그 일부가 도덕적 내지 윤리적 실제와 연관되어 있는 것이라고 생각하는 것이 적절한 것으로 보인다. 이런 점들을 궁극적으로 윤리문화의 영역이 본질적인 윤리학의 분야의 일부를 차지하고 있다는 점을 밝혀주는 것이라고 할 수 있다. 더욱이 윤리학의 일부를 차지하고 있다는 점을 밝혀주는 것이라고 할 수 있다. 더욱이 윤리학이 전통적으로 실천을 강조하는 학문분야라는 점에서 보면 윤리문화의 영역은 윤리학 중에서도 그 핵심을 이루는 것으로, 다시 말하면 전통적인 윤리학의 본령을 다시 재건하는 것이라고도 생각할 수 있는 것이다.[88)]

그러나 윤리학이 실천을 강조했다는 점만으로 윤리와 문화의 관계를 설정하고 또 새롭게 모색하는 것에는 한계가 있다. 전통적 윤리학의 본령(정초주의)을 전제하고 출발하면 문화와 윤리의 만남은 금세 한계를 드러낼 수밖에 없다. 윤리의 선 즉 스타일은 마지막 어휘와 플롯을 연결하는 굴곡에 그치지 않는다. 재서술 역시 두 개의 방향을 동시에 지향한다. 그러나 이것은 하나에서 두 방향이 동시에 이루어지는 선적인 관계가 아니다. 각자이면서 함께, 따로이면서 더불어 함을 지향한다.

로티의 재서술 방향은 자아 창조를 자아 인식의 과정으로 보고서 끊임

88) 박종훈(2010), 같은 논문, 21쪽.

없이 자신을 재서술하는 과정에서 볼 수 있는 내향적인 재서술과 인류의 역사나 언어 발달 역시 우연과 시간의 산물로 보고 이에 대한 끊임없는 재서술을 통해서 전개되는 재서술 즉 두 방향이다.[89]

문화의 플롯은 자기 창조의 플롯과 문화 창조의 플롯의 쌍으로 이루어져 있다고 말한다. 로티의 이채로움은 내향적인 플롯은 문학으로, 외향적인 재서술은 문학담론(철학)으로 치환하지 않는다는 것이다. 재서술의 메타성(내향적 서술), 패러디나 상호텍스트성 기법(외향적 재서술)[90]을 강조하는 것은 서술의 문화적 측면을 간과하고 역사적 측면만을 강조한 결과이다.

인간의 삶, 현실과 직결되는 것이기 때문에 문화는 '실제적인 것' 이어야 한다는 것이 하나의 전제이다. 이렇게 바탕을 깔고 문화를 공시적 관점과 통시적 관점으로 나누어 살피는 것이 일반적이었다. 전자는 사회–문화적 관점, 후자는 역사–문명적 관점으로 구분하기도 했다.[91] 문화는 사적인 차원의 재서술과 공적인 차원의 재서술을 동시에 견지한다.

문화는 사적·공적인 차원에서의 '마지막 말' 과 재서술을 동시에 추구한다. 문화라는 말 자체가 역동적인 말이다. 아이러니는 그 역동성의 에너지 원이다. 기어츠는 문화라는 것이 패턴화된 행동이나 아니면 정신적인 틀인가 또는 그 두 가지가 혼합되어 있는 것인가 하는 이성적인 의문은 중요하지 않다고 말한다. 중요한 것은 다시 말하지만 맥락이다. 이성이 아니고

89) 김학룡, 「로티의 재서술 전략과 문학이론으로서의 가능성」, 『새한영어영문학』 제39집, 새한영어영문학회, 1998, 61쪽.
90) 김학룡, 61쪽.
91) 박이문, 『문명의 위기와 문화의 전환』, 민음사, 1996.

감성이다.

> 이것들은 모두 이 세상에 존재하고 있는 것이며, 우리가 가져야 하는 의문은 그것의 중요성이 무엇인가 하는 점이다. 다시 말해서, 그러한 행동 또는 매개물을 통하여 전달하고자 했던 것이 조소인가, 도전인가, 아이러니인가, 분노인가, 또는 교만인가 자존심인가 하는 문제들이다.[92)]

기어츠가 언급하고 있는 문제들의 공통성은 물음에 대한 답이 매번 다르다는 것이다. 답이 정초되어 있는 물음은 언제나 우리를 시험에 들게 한다. 근내의 노덕 윤리가 그랬다. 스스로 영웅을 자처하는 사람은 감히 국왕의 얼굴과 이름을 그려볼 수 있어야 한다. 그렇지 않다면 역사(서양의 역사)는 언제나 그리스·로마로 머리를 돌리게 된다.

4. 마지막 말의 우발성

마지막 말들이 문화의 장으로 지속적으로 유입되면, 기존의 의미망들은 균열을 일으킨다. 그 균열들 사이로 매어 있던 말들이 자유를 얻어 파편처럼 흩어진다. 기억으로부터 끊임없이 말을 포획하는 그물과 같은 플롯과 미지를 파헤쳐 생전 처음인 말들을 보석처럼 캐내는 표현 사이에 파편과 파편들을 이어 새로운 통로를 내는 것이 스타일이다. 이 스타일이 문화 영

92) 클리퍼드 기어츠(2012), 같은 책, 21쪽.

역에서 의미를 갖도록 만드는 것이 윤리다. 데리다가 말하는 스타일은 특히 글쓰기의 윤리와 매우 깊은 관련을 맺고 있다. 글을 쓰는 행위는 독자, 해석자와의 공유, 그들에 대한 책임과 깊게 관련되어 있기 때문이다.

> '스타일'을 문학만의 고유한 글쓰기 및 문체의 독특함이라는 차원이 아니라 하나의 텍스트가 자신의 담론성(discoursivity), 장르 귀속성(genre belonging), 독해 가능성(intelligibility)을 자체 내에서 생산하는 동시에 그런 텍스트성의 조건들이 하나의 고유한 본질로 정립되는 것을 불가능하게 만듦으로써 자신을 드러내는 데리다적 '글'의 발현, 다시 말해 드만의 용어로 풀면 한 텍스트가 자기 안에서 자신이 읽혀지기 위한 독서와 오독의 조건들을 한꺼번에 자기 생산하는 과정으로 보이는 것이다.[93]

독서의 조건은 기존의 것들로부터 취한다. 담론성, 장르 귀속성, 독해 가능성 등이 그것이다. 특히 장르는 글쓰기의 윤리로서 의미가 매우 컸다. 작가들은 한 쪽 발은 장르에 단단히 고정하고, 다른 한 쪽 발은 장르로부터의 탈출을 끊임없이 시도한다. 그러면서 자연스럽게 장르의 경계는 확장한다. 그러나 완전한 해방은 스스로가 경계했다.

장르는 쓰기의 종류를 미리 상정함으로써 저자나 독자에게 언어를 선택하고, 이해나 감동을 예비하도록 한다. 문체는 주로 서사 장르에 속한 텍스트의 언어적 밀도에 관한 것이었다. 이것은 작가의 개성을 나타내기도 하

93) 강우성, 같은 논문, 22쪽.

고, 시대 정신이나 특정한 문화적 공간을 드러내기도 한다.

> 문체와 문화는 시간과 공간 속에 이동하는 문화 콘텐츠의 이동성을 서로 도와가며 생존 가능케 하며, 바로 프루스트의 작가 문화가 이러한 문체에 의한 텍스트에 의해서 문화 콘텐츠를 독자에게 전달할 수 있는 것이다. 문체 문화학, 텍스트 문화학의 가능성을 열 수 있는 점이기도 한 것이다.[94]

장르의 경계가 희미해지면서 밀도의 문체는 언어의 강도를 더함으로써 경계를 뚫고 오를 수 있는 날카로움을 획득한다. 그러나 문체를 문화의 다른 이름으로 보기에는 장르적 귀속성이 강하다. 쓰기의 전 영역을 아우를 수 있으려면 문화의 다른 이름으로는 문체보다는 스타일이라는 이름이 더 어울린다. 스타일은 한 텍스트의 특성에 국한되지 않고, 텍스트와 텍스트에 연결선을 놓는다. 그리고 텍스트를 그 연결선의 일부로 만들어 버린다.

텍스트는 과거의 기억과 도래할 기대로부터 수많은 언어와 주제들을 받아들인다. 문화적 테두리는 두 개의 입이 있다. 하나는 표현하는 입이고, 다른 하나는 그물을 던지는 입이다. 그 두 개의 입 사이에 자리한 문화의 몸은 혈액이 순환하는 것처럼 '재생산과 환원의 과정을 통해 상호텍스트적인 순환 조직망'을 형성한다.

94) 최순목, 「20세기 초의 문화유형론 : 프루스트의 문화컨텐츠 시론」, 『프랑스어문교육』 제11집, 한국프랑스어문학회, 2001, 317쪽.

> 그러므로 "콘텍스트는 텍스트가 만들어지는 과정 속에서 만들어진, 텍스트에 사용된 언어의 모체인 동시에 텍스트의 부산물"이 된다. 소위 역사적 배경이라는 것은 텍스트를 통해서 재구성되기 때문에 이것도 결국은 해석의 대상이 된다. 그것은 텍스트 밖에 위치하며 텍스트에 영향력을 행사할 수 있는 특권을 가지고 있지 않다. 텍스트의 배경은 그 자체가 텍스트의 복합체이며, 무한한 텍스트들 가운데 하나에 불과하다. 이런 점에서 텍스트와 콘텍스트의 구분은 무의미하며, 데리다의 말대로 텍스트 외에는 아무것도 없게 된다.[95]

오독의 조건은 다양하다. 플롯은 가독성을 좀 더 광범위하게 하는 데 하나의 목적을 두고 있다. 반면 표현은 오독의 조건들을 다채롭게 한다. 그 사이에서 스타일은 표현에서 플롯으로 가는 선을 따라서는 가독성을 증진시키고, 반대로 플롯에서 표현으로 치고 오를 때는 난독성을 증진시킨다. 난독성을 증진시키는 대표적인 방법은 의미의 장을 구성하고 있는 세 요소인 시간, 공간, 인간 요소를 왜곡하거나 비트는 것이다.

오독의 조건을 최소화하는 것을 글쓰기의 목표로 삼는 사람은 저자다. 반면 오독의 조건을 한도까지 확장하는 것을 목표로 삼는 사람은 작가이다. 범박하게 구분을 해 보자면 저자는 설명문을 쓰는 사람이고, 작가는 문학 작품을 쓰는 사람이다. 언제나 사실을 쓰고 싶은 사람은 저자이고, 단 한 번도 사실에 얽매이고 싶지 않은 사람이 작가다.

---

95) 라영균, 같은 논문, 118쪽.

이 '저자-작가'는 마법 같은 언어적 구조물을 창조하고 싶은 욕구, '언어의 극장'에 입장하고 싶은 욕구, 스스로가 이념을 소통하게 하고 정보를 상품화하고 싶은 욕구, 이 욕망 또한 저 욕망에 대해 발작적인 탐닉 사이에 끼여 있는 전문지식인이다. 실천으로서의 언어나 수단으로서의 언어 중 어느 한 쪽을 분명하게 지향하는 것으로 보이는 철저한 문학이나 과학이나 과학적 담론의 사정이 어떻든 간에, 인류학적 담론은 마치 노새처럼 이도 저도 아닌 상태에 머물러 있는 것이 분명하다.[96]

저자나 작가 모두 사실을 재현하는 것은 불가능하다는 것을 잘 알고 있다. 그래서 쓰기가 가능하다는 것도 잘 안다. 사실을 재현할 수 없기 때문에 쓰는 사람에게 '연기'는 피할 수 없는 것이다. 문화 담론은 인류학적 담론과 마찬가지로 노새처럼 이도 저도 아닌 상태에 머물러 있기 때문에 새로운 역능을 발휘할 수 있다. 능력이 능동성으로부터 발현된 힘이라면 역능은 수동성으로부터 발현된 에너지라고 할 수 있다. 문화에는 역동성과 변화의 힘이 내재되어 있다는 것을 부정할 사람은 없을 것이다. 문화에 대한 기대와 평가는 극과 극으로 갈린다.

문화라는 것은 그 자체로의 추진력 내지 목적을 지니는 하나의 자기충족이며 초유기체적인 실체로 상상함으로써 생긴 것이다. 이것은 문화라는 것을 지나치게 확대 해석하는 것이 될 것이다. 다른 하나는 그것을 우리가 어떤 특징의 공동체 속에서 직접적으로 관찰할 수 있는 일련의 행

96) 클리퍼드 기어츠(2014), 같은 책, 32쪽.

동화된 사건들의 유형이라고 주장한다. 전자와 반대로 이렇게 보이는 것은 문화라는 것을 지나치게 과소평가하는 것이 된다. 〈략〉 오늘날 세 번째 입장은 아주 많은 사람들에게 받아들여지고 있는데, 그것은 바로 이러한 입장의 대변자격인 굿이너프의 말을 인용하면, "문화는 인간의 마음과 정신 속에 「있다」"는 주장이다.[97]

인간의 정신과 마음이 있는 것은 분명하지만 그것을 확인할 수 있는 물질적인 증거는 없다. 데카르트 식으로 하면 연장을 갖지 못한 정신과 마음은 '사유'의 영역에 드는 것이다. 사유의 영역을 구성하고 있는 물질 혹은 반물질은 언어다. 인간의 마음과 정신은 언어로 구성되어 있다. 문화는 낱낱의 언어가 아니라 가치를 동반한 의미 맥락을 일컫는다. 인간의 정신과 마음 속에는 미지의 세계를 뚫고 들어가는 첨단의 탐침과 기억에서 갖은 언어를 끌어올리는 그물망과 같은 플롯을 내장하고 있다. 모든 언어를 다 내장할 수 있는 용량의 그릇은 없다. 정신과 마음이 모든 언어를 내장하는 것은 불가능한 일이다. 표현의 첨단과 기억의 그물망으로서 플롯이 있다면 언제든지 새로운 언어를 보충하고, 기존의 언어를 투망질해서 올릴 수 있는 것이다.

가장 오래된 과거이면서 여전히 인간에게 오지 않은 미래로 남아 있는 것이 '신화'이다. 현실에서 흔히 사용하는 말 중의 하나가 '신화 창조'이다. 그리스로부터 기원한 전통 윤리는 선을 도달해야 할 조화, 이상, 완전함의 동의어로 이해했다. 이때에는 예술조차도 미보다는 선을 대상으로 삼았다.

97) 클리퍼드 기어츠(2012), 같은 책, 21쪽.

> 세계의 근본 질료이자 원인인 아르케(arche)에서 인간으로 사유의 주체가 이동한 이래 서양철학에서 선(agathon, bien)은 오랫동안 철학적 탐구의 핵심을 차지했다. 인간의 본성을 실현한 이상적 상태이자 모든 행위가 지향하는 목적으로 인식되었기 때문이다.[98)]

자연물의 하나로 만들어진 인간이 신의 자리를 넘보게 된 것은 프로메테우스 덕분(탓)이다. 그는 불을 훔쳐 인간에게 건네주면서 신들의 '솜씨(techne)' 도 함께 건넨다. 불의 에너지와 솜씨의 날카로움으로 인간은 미지 곧 신의 영역을 침범해 사신의 영역으로 만들어 나간다. 자연과 신 사이에 인간만의 영역이 새롭게 만들어졌다. 우연성의 자연과 필연성의 신 사이에 우발성의 존재가 새로 자리 잡게 된 것이다.

우발적인 것은 그 정체가 불분명하다. 우연성과 필연성의 사이성으로서 비존재성을 속성으로 삼는다. 문화의 확장성은 문화 스스로 결코 모든 것을 설명할 수 없다는 사실에 대한 인정으로부터 동력을 얻는다. 개념 자체가 지닌 정밀성의 속박으로부터 벗어나야 새로운 여행을 떠날 수 있다. 반대로 개념을 설명할 수 있는 것이 무엇인가를 찾아내는 '행위' 속으로 개념을 가지고 들어간다. 기어츠는 "모든 중요한 과학적 개념들이 모두 이러한 방식으로 발전되어 가는지는 알 수 없다. 그러나 적어도 "문화"에만은 적용된다고 볼 수 있다."[99)]고 말한다.

---

98) 김석, 같은 논문, 72쪽.
99) 클리퍼드 기어츠(2012), 같은 책, 12쪽.

5. 마스터 플롯, 가능성의 불가능성

기억을 현재화하기 위해서 특별히 마련된 메커니즘이 플롯이다. 플롯과 상대적인 개념에 놓인 것이 기호학이다. 기호는 그 형태가 오랫동안 변하지 않는다. 우리가 쓰고 있는 한자(漢字)는 몇 천 년 동안 같은 모습을 하고 있을 정도다. 가변성이 어떤 것보다 떨어지는 기호에 대한 것을 다루면서도 '현대 기호학'은 문화적인 측면을 특히 고려한다.

기호학 앞에 붙은 '현대'라는 말은 새롭다는 의미보다는 동시대성을 강조한다. 당연히 언어로서의 삶이 핵심에 자리한다. 문화를 기호로 보는 것은 로트만이 길을 열었다. 그는 문화를 '텍스트의 집합'이자, '텍스트의 산출, 소통, 기억시키는 특정한 메커니즘'으로 간주한다.[100] 기호의 집합은 언어의 더미에 불과하다. 텍스트 역시 하나의 기호에 해당한다면, 문화는 기호와 기호, 텍스트와 텍스트를 연결할 수 있는 다양한 연결 통로 즉 '플롯의 집합'이라고 해야 마땅할 것이다.

문화적 플롯은 집단적인 지식과 기대지평에 의해 유형화 된다. 특정한 사건·행위의 "생산자나 수용자는 모두 문학을 통해 각인된 공동의 문화전통을 보유하고 있다."[101] 우연에 불과한 사실들을 '의미의 복합체'로 조직하는 것이 곧 문화 전통으로서 문화적 플롯이다. 그러나 역사적 전통과 달리 문화적 전통은 과거로부터 비롯된 것에만 국한되지 않고, 미래로부터 도래하는 전통이기도 한 것이다.

---

100) 김수환, 같은 논문, 113~4쪽.
101) 라영균, 같은 논문, 116쪽.

불가능한 마지막 언어를 시가 추구하는 것처럼, 모든 역사 시대를 포용할 수 있는 '서사'가 있다는 믿음은 글쓰기를 추동한다. 그러나 완벽을 지향하는 플롯은 이미 플롯이 아니다. 플롯을 목적으로 한 플롯은 문화서사에서는 역동성을 발현하기 어렵다. 플롯은 그때마다 문화 속으로 소진됨으로써 흔적으로만 남는다.

대상에 대한 직접적인 관찰과 그 관찰에 대한 직접적인 언급에 대한 해석이 언어적 혼란을 야기하지 않는다. 또 그것이 패턴을 미세하게나마 움직이게 하는 힘의 흔적을 내장한 것도 아니다. 해석에 대한 다양한 해석들이 하나의 모델을 제공하는 것이다.

> 문화체계라는 것은 물론 최소한의 일관성을 지녀야 한다. 그렇지 않으면 그것을 체계라고 칭하지 않을 것이다. 사실 편집광의 환각이나 사기꾼의 속임수만큼 극히 통일되고 일관된 것도 없다. 인류학적 해석이 가지는 설득력을 오늘날 흔히 주장되는 것처럼 그것이 어느 정도로 치밀하게 잘 짜여져 있는가 혹은 그것이 어느 정도 확신 있게 제시되었는가에 의해서 좌우될 수는 없을 것이다. 내 생각에 문화분석 이론에 가장 치명적인 것은 그러한 것이 실제로 존재할 수 있다는 것을 아무도 믿을 수 없을 만큼 완전하고 전혀 흠이 없는 공식적인 질서 체계로 그려낸 데 있는 듯 하다.[102]

문화 서사에 기반을 둔 문화 기술의 경우 일관성이나 통일성이라는 것

102) 클리퍼드 기어츠(2012), 같은 책, 31쪽.

이 그것의 정당성을 평가하는 하나의 주요 기준이 될 수 없다고 기어츠는 말한다.

문화적 플롯이 지향하는 것은 이해하기 쉬운 담화의 가능성을 최대치로 높이는 것이다. 이 플롯은 이야기의 구조를 넘어선다. 곧 지식을 포함한 담론이 소통할 수 있는 세계인의 플롯을 만드는 데 있다. 그러나 이 플롯은 추상적 보편성을 지향하지 않는다.

> 그 다음에 (적어도 내가 보기에는) 필요한 것은 보편언어인 에스페란토 같은 문화를 구축하는 것도, 공항문화와 모텔문화도, 방대한 인력 관리기술의 발명도 아니다. 그것은 관심사와 외모와 부와 권력 면에서 무척 다르지만 끝없이 연결되어 얽혀 있으며, 점점 더 무관하기 힘들어지는 세계 속 사람들이 이해하기 쉬운 담화의 가능성을 확대하는 일이다.[103]

문화는 오늘의 삶과 직접 연결되어 있고, 변화의 동인을 제공하고 있다. 문화에서 강조되어야 하는 것은 추상성도 구체성도 아니고 바로 실용성이다. 문화의 실용성은 과거의 것도, 미래의 것도, 현재의 것도 아니다. 바로 불가능성의 가능성, 가능성의 불가능성으로 남겨진 '마스터 플롯'에 의한 것이다.

---

103) 클리퍼드 기어츠(2014), 같은 책, 182쪽.

표현 공동체와 서사 전략

표현 공동체와 서사 전략

1. 도입

문화 서사가 지향하는 연대성은 이성적 연대성이 아니다. 우리는 합리적 이성에 의한 연대, 즉 이데올로기에 의한 하나됨이 낳은 폭력의 잔혹성을 근대기 동안 몸으로 감내해 왔다. 문화 서사가 지향하는 연대성은 논리적 연대성도 아니다. 문화시대의 논리는 타인과의 소통에서 필요한 것이 아니라 자기 자신들과의 소통에서 필요한 것이다. 문화 서사가 추구하는 연대성은 감성의 연대성이다. 함께 울고, 웃는 연대성은 지난 시대의 것이다. 이것은 이데올로기적 연대의 부산물과 같다. 문화 시대의 연대성은 고통과 굴욕을 공유하고, 책임을 느끼는 것으로부터 비롯한다. 문화 서사는 고통과 굴욕을 함께 느낄 수 있는 플롯을 끊임없이 새로 새기고, 지우고 다시 새기는 작업 자체이다.

기술을 정서적으로 공유한다는 것은 은유적 사건이라기보다는 환유적 사건이다. 동시에 퍼지는 공유가 아니라 바통을 건네주는 것처럼 전해지는 것이 일반적이다. 반면 책임은 공동으로 지는 경우가 대부분이다. 책임은 나누는 것이 일상적인 것이다. 이 둘의 변곡을 통해 기술성은 새로운 스타일을 창조한다.

공유는 차이를 전제로 발생하는 사건이다. 가장 흔하고 다채로운 차이는 이질적인 문화나 계층에서 나타나는 언어의 의미적 차이일 것이다. 언어의 의미는 역사적인 배경, 실천적인 배경, 도래할 것들에 대한 지향적인 배경에 둘러싸여 형성된다. 따라서 의미의 강도와 밀도가 다를 수밖에 없다. 이에 그치지 않고 힘을 실고 나아가는 방향도 다르다. 힘과 방향이 이루는 '문화적 벡터'가 매순간 달라짐으로써 언어는 역동성을 잃지 않는다.

문화적 벡터에 의해서 문화적 가치는 결정된다. 또한 문화적 가치의 차이로부터 다양한 갈등이 유발한다. 이 갈등을 중재하는 데 그치지 않고, 새로운 동인으로 활용할 수 있는 것이 문화 윤리의 의무이자 역할이다.

> 문화적 가치의 갈등을 극복하기 위해서 우리가 해야할 일은 현실적으로 존재하지 않는 의미의 동일성을 전제하는 일이 아니라, 그런 차이의 배경을 이해하고 오히려 그 차이를 무의미하게 만들 수 있는 전혀 새로운 의미를 만들어내는 일이다.[104)]

'새로운 의미'에로의 지향은 미래적인 것을 도래케 하는 언어의 표현성에 주목하는 자세이다. 우리는 그와 함께 차이들의 무늬가 겹쳐서 이루어

104) 이유선(2006), 같은 논문, 181쪽.

내는 기억의 패턴 곧 서사, 문화적 플롯을 함께 고려해야 한다. 다른 두 면을 비틀어 잇기 위해서는 유연해야 한다. 비틀림에 대해 능동적으로 임하면 깨지거나 부서지기 쉽다.

근대기에 인간이 추구했던 것은 능동성이다. 정반합으로 대별되는 근대 사유의 원리는 정(正)의 능동성과 반(反)의 수동성 그리고 다시 합(合)의 능동성을 요구했다. 주체의 의지가 반영된 합은 이면의 세계를 지워버리기에 충분했다. 그러나 아무리 능동적인 인간이라도 결코 지워버릴 수 없는 수동성의 세계와 끝내 마주할 수밖에 없었다. 바로 죽음의 세계다. 능동성이 절대불가능한 죽음을 앞에 두고 로티는 하이데거를 차용해 수동성이 위력, 능동적이지 않을 권리에 대해 말한다.

> 그는 우리의 존재를 만들고 있는 단어에 귀 기울이는 것을 돕고자 했다. 그의 최종적인 결단에 의하면, 우리가 이런 일을 해야 하는 것은 어떤 것 - 예를 들어 "서양의 존재론"이나 혹은 우리 자신 - 을 극복하기 위해서가 아니라 오히려, 〈방념〉을 위해서, 권력을 추구하지 않을 수 있는 능력을 위해서, 극복을 희망하지 〈않을 수 있는 능력〉을 위해서다.[105]

우리가 무언가를 제대로 받아들이기 위해 필요한 것은 권력이 아니라 하나의 어휘라고 로티는 말한다. 가장 '기초적인 어휘'를 마지막 말로 삼을 때 발현되는 단순성을 우리는 수동성의 동력으로 삼을 수 있다. 개별자들은 수동성의 역능에 스스로를 내맡기며 스타일을 이룬다. 이들의 스타

105) 로티(1996), 같은 책, 221쪽.

일은 굵고 튼튼한 동아줄을 이루는 데 미세한 한 올로 참여한다. 이 동아줄은 견고한 줄이 아니라 물줄기와 같이 부드럽게 흐르는 줄이다.

기술성의 윤리가 실현되기에 적합한 공동체는 한시도 변화의 흐름을 멈추지 않는 역동성을 실현한다. 역동적인 공동체를 이루기 위해서는 기존 공동체의 '정체성'을 가져서는 곤란하다. 공유와 책임을 함께 실현하는 공동체를 위한 전제조건으로 블랑쇼와 아감벤은 '공동체를 갖지 않는 사람들의 공동체'를 든다.

> 그들은 아무런 공통된 것을 갖지 않으며 본질도 속성도 갖고 있지 않다. 공유와 책임은 공동체에 귀속되지 않으며, 공동체의 어느 한 구성원에 귀속되는 것도 아니다. 하지만 그것은, 스스로 어떤 단일한 공동체를 형성하지 않는 공동체로서의 공동체 안에서 개발자의 병치에서 황홀경으로 일어날 것이다.[106)]

이러한 공동체의 원체험은 주로 상상계에서 일어났다. 주체와 타자의 욕망을 발견하고 그를 통해 타자를 자기화함으로써 얻게 되는 황홀감이 있다. 이것은 누구나의 과거였지만 누구의 기억 속에도 남아 있지 않아서 유토피아성을 유지(가장)하고 있다. 다른 하나는 상징계를 뚫고 나가 실재계에서 마주한 생전 처음인 자아와 난생 처음인 타자의 공동체이다.

상징계를 뚫고 나오면서 자아도 타자도 기존의 언어를 상실했기 때문에 무어라고 표현, 형언할 수 없는 최초의 자아며 타자이다. 무위의 공동체,

106) 휴 J. 실버만, 같은 논문, 177쪽.

중성의 공동체, 처음인 사이의 공동체가 형성되는 것이다. 이 공동체는 결코 상징의 언어로 번역되어 현실에 실현될 수 없는 공동체다. 따라서 어떤 책임도, 어떤 공유도 발생하지 않는 완전한 자유의 공동체이기도 하다.

최초의 공동체인 표현 공동체는 완전한 자유의 공동체다. 이 공동체는 어떤 언어로도 번역이 불가능하다. 언젠가, 불식간에 도래할 표현 공동체를 포착하기 위해서 할 수 있는 것은 도약의 기반이면서, 도약대이면서 도약의 통로인 서사를 넓게 펼치고, 촘촘하게 엮어내는 것이다.

2. 표현의 공동체

공동체는 생활을 함께 영위하고, 행동에 의미를 부여하는 공통된 코드를 가진 집단을 일컫는다. 공동체를 형성하기 위해서 가장 먼저 전제가 되어야 하는 것은 말이 통하는 것이다. 이것은 랑그로서 언어를 공유하는 것을 떠나서 파롤의 언어를 공유하고 있다는 의미다. 특정한 공동체가 공유하고 있는 파롤의 언어는 넓은 차원에서는 지식과 정보가 소통하는 서사구조, 아포리즘의 생산 원리이다.

생물학적으로 생존에 절대 불리한 조건을 타고난 인간이 생존에 절대적으로 필요한 의식주의 해결을 위해서 집단을 이룬 것은 본능에 가까운 것이었다. 인간의 삶은 자연의 위협으로부터 점차 벗어났다. 그리고 이제 인간의 삶을 가장 위협하는 존재는 바로 인간이다.

공동체 사이에 발생하는 오해, 또는 공동체를 구성하는 성원들 간에 발생하는 오해는 치명적인 결과를 초래할 수도 있었다. 공동체 간, 인간 간에는 다양한 공유가 이루어진다. 공유는 복잡하게 얽히면서 긴장을 유지하면서 중립지대, 안전지대의 역할을 한다. 그리고 이 공유는 언제나 책임을 동반한다. 공유와 책임을 포괄하여 윤리라고 부를 수 있다.

표현은 미지의 것을 포착해 의미의 장으로 표상해내는 것을 가리킨다. 표현의 대상은 기존의 것이 아니다. 기존의 것이라면 다른 방식의 언어적 방식이 필요하다. 전자가 시적 표현을 가리킨다면, 후자는 문화적 표현에 해당한다. 이 문화적 표현 방식을 대표하는 것이 아포리즘의 원리이다. 서사에 국한한다면 '역설의 생산 시스템' 이라고 할 수 있다. 아포리즘의 원리는 방식 자체가 하나의 언어로서 역할을 한다. 형식적 측면에 주목하는 경우가 많다. 반면 '역설의 생산 시스템' 은 의미의 측면이 강하다.

아포리즘은 예지의 것, 도래할 것에 대한 쓰기, 쓰기를 통해 비로소 도래하는 것을 표현의 대상으로 삼는다. 따라서 표현 공동체는 도래할 공동체이다. 한 번도 공동체이지 않은 것들의 공동체를 가능성으로 품고 있는 것이다. 기존의 윤리성으로는 감당할 수 없는 공동체이기도 하다.

세계에 현존한 것에 대한 서술은 표현이라기보다는 설명에 가깝다. 표현은 미지의 것들이 현전하는 문이다. 이 문으로 도래한 공동체는 문화의 장에서 잠재하고 있던 것들을 가능성으로 펼쳐 보인다. 도래하기 전의 모습에는 결코 미치지 못한 채 기억 안으로 가라앉는다. 그러나 그냥 가라앉는 것이 아니라 언제든지 다시 떠오를 수 있도록 자신의 흔적을 남긴다. 이렇게 플롯은 무수한 흔적들의 겹침으로 이루어진다. 프랑스어 '무아레' 라는 말은 이러한 플롯의 특성을 잘 드러낸다.

서로 다른 종류의 텍스트가 지속적으로 덧씌워져서 드러나는 패턴을 기어츠는 '무아레' 적이라고 말한다. 표현과 플롯(마스터플롯) 사이에서 의미는 발생하고 소통한다. 표현은 미지의 것을 언어로 포착해서 현재의 의미를 구성한다. 어떤 의미가 있었던 것은 기억 저편으로 사라지면서 흔적을 남긴다.

그런데 '무아레' 가 의미의 흔적들의 겹침이라면 그것은 고고학의 탐구 영역처럼 의미의 지층을 구성하고 있을 것이다. 그러나 이 흔적에는 아포리즘의 원리도 함께 남아 있기 때문에 시간의 선후와는 관계없이 '동시에 발생해서 서로 경쟁하고, 때로는 같은 층위에 존재하면서 상호 간섭' 할 수 있는 것이다.

언어와 지식, 정보, 이야기를 문화의 장에 다 가지고 있어야 한다면 문화는 고도비만에 걸려 그 역동성을 상실하고 말 것이다. 채워지는 것들을 그때그때 비우지만 그것은 영영 사라지는 것은 아니다. 바로 마스터 플롯에 '이야기' 와 '표현' 을 동시에 남김으로써 자신의 언어적 위상과 지평을 코드로 남긴다.

'무아레' 적인 플롯의 반복을 통해 마스터플롯은 무한에 가깝게 확장할 수 있다. 언제나 차이 나는 반복을 통해 인류는 기억을 저장하고 언제든지 반추(反芻)해서 다른 용도로 쓰고, 다른 맛을 낼 수 있게 되었다. 미지의 것을 파고들려면 표현은 날카로울수록 좋다. 반면 플롯은 다양한 물결의 흔적들이 포개지면서 넓게 퍼져나갈수록 유리하다. 표현의 첨단에서 플롯의 광대함을 최대한 골고루 연결하기 위해서는 '나선형' 의 구조가 가장 유리하다.

3. 아포리즘의 원리와 층위

아포리즘은 단어와 단어, 구와 구, 문장과 문장이 서로 꼬여 더 강하고 강렬한 의미를 발생하면서 동시에 변화의 에너지를 자가 발전할 수 있게 한다. 여기에 그치지 않고 플롯과 플롯이 꽈져서 비약의 통로이자 상승의

로프가 된다.

아포리즘의 원초적인 구조는 대구에 있다. 두 단어 혹은 두 구절의 마주봄을 통해서 의미를 연기하는 것이 아포리즘의 기본이다. 기술과 윤리성으로 아포리즘을 구성하면 '기술의 윤리성, 윤리의 기술성' 정도가 고작이다. 그런데 스타일, 윤리성, 기술성을 가지고 아포리즘을 시도하면 '3×2×1' 의 의미로 확장이 가능하다.

> 스타일은 윤리의 기술성이다.
> 스타일은 기술의 윤리성이다.
> 윤리는 스타일의 기술성이다.
> 윤리는 기술의 스타일이다.
> 기술은 스타일의 윤리성이다.
> 기술은 윤리의 스타일이다.

아포리즘의 목표는 언어의 공전(空轉)이다. 다람쥐 쳇바퀴와 같은 공전이 아니라 뫼비우스 띠와 같은 공전이다. 한 번의 움직임으로 전체를 밟아 볼 수 있는 공전이다.

아포리즘은 단어의 수준에서도 발생한다. 가령 독약(毒藥)은 먹으면 죽지만, 극약처방에 쓰이는 약독(藥毒)은 병을 치료해 사람을 살리는 독이다. 시의 정치성과 현실정치의 정치성을 말할 때 등장하는 아포리즘도 있다. '진실한 거짓, 거짓된 진실' 이 그것이다. 순수의 언어, 언어의 순수 등 추상과 구체, 추상과 추상으로 유사성과 인접성을 절묘하게 결합하면 이런 아포리즘은 매우 쉽게 구사할 수 있다.

아포리즘은 격언을 이르는 말이기도 하다. 그러나 단순한 격언은 내용을 전달하는 데 그친다. 시대와 장소를 초월해서 좀 더 많은 사람들에게 강한 이미지를 남기는 것은 특별한 언어 형식을 구사하고 있는 것들이다. 가령 『명심보감』에는 다음과 같은 구절이 있다.

> 나를 용서하는 것같이 다른 사람을 용서하고, 다른 사람을 용서하는 것 같이 나를 용서하라.

텍스트 차원에서 이루어진 아포리즘은 확인이 쉽지 않다. 유머 게시판에 등장하는 것이 간혹 있는데, 희언(戱言)의 아포리즘이라고 할 만하다.

〈결혼 전〉

…… 우리 헤어져 / 죽을 래 / 사랑해 ……

〈결혼 후〉

…… 사랑해 / 죽을 래 / 우리 헤어져 ……

위에서 아래로 읽을 때는 '사랑' 으로, 아래에서 위로 읽을 때는 '이별' 로 읽을 수 있는 시편도 창작이 가능할 것이다. 그리고 그러한 창작이 가능하다면 한 권의 시집도 오른쪽에서 왼쪽으로, 왼쪽에서 오른쪽으로 읽을 때 다른 시집이 될 수도 있다.

문학작품이 내용의 진정성만으로 견딜 수 있는 시간은 채 10년이 되지 못한다. 형식의 새로움으로 견딜 수 있는 것도 한 세대 안쪽이다. 100년이 넘는 세월을 견뎌내 고전의 반열에 오른 작품은 기본적으로 형식과 내용이 균형과 조화를 이루고 있다.

그러나 내용과 형식의 변증법적 통일이란 애초에 불가능한 것이었을지도 모른다. 성공한 예시를 드는 것은 쉽지 않은 일이다. 100년을 넘고 1000년을 견뎌내면서 여전히 쓰기/읽기를 통해서 회자되고 있는 언술들이 공통적으로 품고 있는 것은 언어적 아포리즘이다.

우리의 세계(언어의 세계)는 거대한 나선의 구조로 의미의 영역을 확장한다. 나선의 구조는 큰 단위의 공동체의 나선과 무수한 개별자들의 나선형으로 이루어졌다. 표현의 첨단에는 어쨌거나 특별한 개인의 첨단이 자리하고 있을 가능성이 크다.

4. 서사 전략

나선의 구조는 문화 전체를 추상적으로 나타낸다. 동시에 가장 미세한 문화의 영역, 언어의 내부, 구체적인 문화의 구조 역시 나선을 이룬다. 추상과 구체, 전체와 부분의 나선구조를 통해 언어의 내부로부터 뚫고 오르는 표현의 힘과 기억으로 펼쳐나가는 플롯의 동력을 동시에 얻는다.

진동하는 언어의 끈, 뫼비우스의 띠와 같은 공전이 언어의 아포리즘이다. 이 '공전의 언어'가 소통하는 모든 방식이 윤리이다. 표현의 영역에 가까울수록 윤리는 사후적으로 수립되고, 금방 해체된다. 플롯에 가까워질수록 윤리는 좀 더 규정성을 획득한다. 그러나 서사가 탄력성을 잃게 되면 윤리는 더 이상 문화로서 역동성을 발휘할 수 없게 된다. 규범으로 굳어진 윤리는 반문화적으로 작동하게 된다. 윤리가 문화의 확장에 기여하지 못하고, 걸림돌로 작용하게 된다. 문화가 벗어나야할 것, 깨뜨려야할 것으로 여기는 순간, 그것은 더 이상 문화의 윤리가 아니다. 베르나르 스티글러는 『기술과 시간』에서 이렇게 쓰고 있다.

현존재인 차연은 오직 – 만약 그것이 자주 차연을 계산, 측정, 또는 결정적으로 은폐한다면, 그것은 실제로 작용하게 하는 대리보충(물)을 통해서만 「현존재에게」 드러날 수 있다. 이 대리보충성이 현존재의 연기와 차이의 시간의 지속을 가져오고 구체화 한다.[107)]

우리가 표현하고자 하는 것을 100% 언어로 표상하는 것은 불가능하다. 오히려 표상된 언어에 의해 원래 표현하고자 한 것마저 자리를 다시 잡는 경우가 대부분이다. 언어로 표상되는 것은 표현하고자 한 것, 그것이 아니라 그것의 대리보충물이다. 베르나르 스터들러는 데리다의 언어를 자신의 '대리보충' 으로 사용하고 있다. 스터글러의 발언에서 주목할 '보충물' 은 차연, 연기와 차이이다. 연기와 차이 사이에 지속되는 시간이 '살아있음' 의 현존재이다.

'차연' 그 자체는 부재를 속성으로 삼는다. 무엇인가 들어 차 있는 것은 사이가 아니고 경계도 아니다. 사이성과 경계성으로 '대리보충' 하지 않으면 차연은 표상할 수 없다. '차연' 은 기대되거나 기억될 것으로 대리보충된다. 차연은 무엇이든 어떤 것이든 잠시라도 머무는 곳이 아니다. 그냥 지나쳐 가야하는 경계이고 사이이다.

언어의 상징, 그리고 은유와 환유에 의해 우리가 읽게 되는 텍스트는 '대리보충물' 이다. '어떤 것의 대리보충물이다.' 라고 말하고 싶은 입장에서는 언어를 '상징' 의 다른 이름이라고 말한다. 부재의 '대리보충물' 로 보는 입장에서는 언어의 언어, 곧 메타언어라고 할 수 있는 은유나 언어의 파

---

107) 휴J·실버만, 같은 논문, 172쪽, 재인용.

편인 알레고리 곧 환유를 언어의 다른 이름으로 쓴다.

차연의 속성인 '차이와 연기'는 들뢰즈의 말 '차이와 반복'으로 대리보충할 수 있다. 단독자로서 주체에 충실한 들뢰즈에게 차이와 반복은 곧 주체의 생 혹은 생의 욕망과 직결되어 있다. 몸의 주체는 끊임없는 반복을 통해 몸의 시간을 붙들어 두려고 한다. 최상의 시간 – 젊음 – 에 머물러 있고자 하는 것이다. 반면 정신(마음)은 언제나 새로운 것을 갈망한다.

차이를 통해 우리는 생전 처음인 시간(언어)을 우리의 삶으로 끌어올린다. 그리고 연기를 통해 그 언어를 하나의 틀로 고정해 나간다. 이런 논의들 역시 차연의 공간에서 펼쳐지고 이내 흔적만을 남기고 사라지게 될 것이다. '대리보충물'이 없으면 논의의 진행 역시 쉽지 않다는 말이다. 문화의 공간으로서의 차연에서는 어떤 쓰기도 다채롭게, 자유롭게 만날 수 있다. 그러면서 서사 역시 기존의 것이면서 언제나 새로운 것으로 미세하게 이동해 간다. 그러한 문화 공간의 서사 전략을 몇 가지 살펴보기로 한다.

1) 시와 소설 – 이시영의 '강물'과 이청준의 「눈길」

⑴ 이시영의 시 「성장」에서의 '강물'

바다가 가까워지자 어린 강물은 엄마 손을 더욱 꼭 그러쥔 채 놓지 않았습니다. 그러다가 그만 거대한 파도의 뱃속으로 뛰어드는 꿈을 꾸다 엄마 손을 아득히 놓치고 말았습니다. 그래 잘 가거라 내 아들아. 이제부터는 크고 다른 삶을 살아야 된단다. 엄마 강물은 새벽 강에 시린 몸을 한번 뒤채고는 오리처럼 곧 순한 머리를 돌려 반짝이는 은어들의 길을 따라 산골로 조용히 돌아왔습니다.

– 이시영, 「성장」, 『은빛호각』, 창비, 2003, 82쪽.

⑵ 이청준의 소설 「눈길」

전체 줄거리

담화 시간

휴가를 얻은 '나'는 아내와 함께 노모를 찾는다. 노모는 형수, 조카들과 함께 살고 계신다. 며칠 머무를 작정을 하고 시골에 간다. 그런데 간밤에 어머니가 집을 고치고 싶은 생각을 드러내자 나는 불편해졌다. 그래서 하룻밤을 자고, 오늘 아침 내일 서울로 올라가겠다고 말한다. 나는 집 뒤 오리나무 그늘에 앉아 지난 날을 회상하며 시간을 보내고 저녁 무렵에 집으로 내려온다. 집에 들어오려다 어머니와 아내가 나누는 이야기를 듣게 된다. 저녁 밥상을 물리고 잠자리에 든 나는 어머니와 아내의 이어지는 이야기를 듣다가 흘러내리는 뜨거운 눈물을 감추기 위해 아내가 흔들어 깨웠지만 자는 척 했다.

이야기 시간

고등학교 1학년 때 형의 도박과 술로 가산을 탕진했다. K시에서 고등학교 1학년에 다니던 나는 궁금해서 집에 다니러왔다. 이미 남의 집이 되어버린 옛집에서 어머니는 나를 하룻밤 재워 보냈다. 그리고 새벽녘에 집을 나섰고, 어머니는 한사코 길을 동행해 새벽 눈길을 밟아 차부까지 갔다. 막 떠나려는 차를 타고 나는 광주로 왔고, 어머니는 혼자서 눈길을 되밟아 마을로 돌아왔다. 돌아오는 길에 어머니와 아들의 발자국이 선명했고, 아들이 금세 달려올 것 같아 눈물을 흘리며 걸어왔다. 잿등까지 와서 동네를 쳐다보다 눈이 시려 바로 내려오지 못하고 눈을 털고 한참을 앉아 있었다. 그러나 그것은 아들을 보내고 혼자여서가 아니라고 어머니는 말한다. 아침 햇살에 눈이 시렸고, 그 시린 눈으로는 그 햇살이 부끄러워 차마 동네 골목을 들어갈 수 없어, 시린 눈이라도 좀 가라앉히자고 그래 그렇게 앉아 있었다고 한다.

2) 시와 영화
 – 기형도의 「질투는 나의 힘」과 박찬옥의 〈질투는 나의 힘〉

(1) 기형도의 시 「질투는 나의 힘」

아주 오랜 세월이 흐른 뒤에
힘없는 책갈피는 이 종이를 떨어뜨리리
그때 내 마음은 너무나 많은 공장을 세웠으니
어리석게도 그토록 기록할 것이 많았구나
그늘 밑을 천천히 쏘다니는 개처럼
지칠 줄 모르고 공중에서 머뭇거렸구나
나 가진 것 탄식밖에 없어
저녁 거리마다 물끄러미 청춘을 세워두고
살아온 날들을 신기하게 세워보았으니
그 누구도 나를 두려워하지 않았으니
내 희망의 내용은 질투뿐이었구나
그리하여 나는 우선 여기에 짧은 글을 남겨둔다
나의 생은 미친 듯이 사랑을 찾아 헤매었으나
단 한번도 스스로를 사랑하지 않았노라

– 기형도, 「질투는 나의 힘」, 『입속의 검은 잎』, 문학과지성사, 1991.

(2) 박찬옥의 영화 〈질투는 나의 힘〉

줄거리

'질투'를 본격적인 주제로 삼고 있는 영화는 2002년 박찬옥 감독의 작품 『질투는 나의 힘』이다. 이 영화는 박찬옥 감독에게 2003년 청룡영화제 각본상을 안겨 주었다. 영화는 잡지사 편집장에게 사랑하는 사람을 빼앗긴 한 남자가 그 편집장의 주위를 맴돌면서 시작한다. 편집장 한윤식(문성근 분)에게 두 번이나 애인을 빼앗긴 대학원생 이원상(박해일 분)은 처음에는 분노에 휩싸여 복수를 꿈꾸지만 이내 그 남자의 학식과 인간적 면모에 끌려 선망하게 된다.

청년은 언뜻 보기에는 연애라는 감정에서 일방적으로 당하는 피해자로 보인다. 그러나 그 역시 하숙집 딸의 마음과는 전혀 마주보지 않으면서 그녀의 몸을 즉흥적으로 탐하는 권력자의 모습을 동시에 간직하고 있다. 결국 사랑하는 여자들이 편집장과 관계를 정리하게 되자, 원상은 편집장의 집으로 들어가 살기로 한다.

그 첫날 학생인 편집장의 딸 미림과 인사를 나누는 마지막 장면에 대한 해석은 분분하다. 이원상을 바라보는 미림의 시선에는 호기심과 어떤 선

인사를 건네고 나가는 이원상을 보는 편집장의 딸 미림

미림의 시선으로 잡은 마지막 장면

망, 기대감이 혼재되어 있다. '앞으로 우리 잘 지내보자' 라고 말하는 원상의 목소리에서 복수를 예견하는 사람들은, 배우 박해일의 시선에서 악마성을 보게 된다고 한다. 그런가 하면 질투의 대상이 되었던 편집장으로부터 질투를 받는 입장에 설 수 있는 것이 딸로부터 진실된 사랑을 얻는 것이라고 본다면 영화 이후에는 파국이 아니라 다른 '질투들' 이 경연하는 일상이 펼쳐질 것이다. 박찬옥 감독은 이 영화의 모티브를 기형도 시인의 「질투는 나의 힘」에서 얻었다고 한다.

3) 소설과 영화 – 이청준의 「서편제」와 임권택의 〈서편제〉

(1) 이청준의 소설 「서편제」

줄거리

담화 시간

한 중년 사내가 세월네라는 이가 맡아서 하는 주막에 찾아간다. 세월네로부터 소리를 들으면서 사내는 아버지가 다른 동생의 소식을 듣는다. 세월네는 자신의 동생으로부터 소리를 배웠고, 동생은 아버지의 삼 년 상을 치른 후 떠났으며 눈이 멀었다는 말을 새로 듣게 된다. 소리를 위해서 딸의 눈을 멀게 한 것인지, 자신이 떠남으로써 딸은 떠나지 못하게 붙잡아두려고 딸의 눈을 멀게 한 것인지 유봉의 진심을 의심한다.

이야기 시간

사내가 5~6세 때 마을에 소리꾼이 와서 머물다 어머니와의 사이에 딸을 얻었다. 어머니는 동생을 낳다 죽고 의붓아버지와 동생 그리고 어린 사내는 소리를 팔며 떠돈다. 떠돌이 생활에 지친 사내는 의붓아버지 때문에 어머니가 죽었다고 생각하고 의붓아버지를 죽이려다 그만두고 떠난다. 사내가 떠나고 소리꾼 사내는 딸의 눈을 멀게 한 후, 전쟁으로 빈집이 된 소릿재 주막에 머물며 딸에게 소리를 가르친다. 아버지가 죽자 딸은 삼년 상을 치르고 세월네에게 주막을 넘겨주고 떠난다.

(2) 임권택의 영화 〈서편제〉

줄거리

담화 시간

사내가 세월네의 주막을 찾아 소리를 들으며 과거를 회상한다. 그 세월네의 이야기를 통해 유봉과 송화의 흔적을 발견하고, 유봉의 죽음과 송화의 소식을 듣는다. 주막을 나온 사내는 계속해서 이곳저곳을 수소문해 송화를 찾는다. 그러다 벌교에서 가죽 그림을 그리는 유봉의 친구를 만나 송화의 소식을 듣고, 찾아간다. 바닷가 주막에서 눈먼 송화에게 소리를 청한다. 밤을 세워 운우지정을 나누듯이 북장단과 소리가 어우러진다. 날이 밝고 동호는 떠난다. 송화 역시 주막집 주인에게 작별을 하고 소리길을 나선다.

이야기 시간

동호가 4~5세 되던 때, 유봉이 동호보다 2~3살 위 쯤 되는 송화를 데리고 잔칫집에 소리꾼으로 온다. 유봉은 동호 어머니와 눈이 맞아 넷은 마을을 떠나 소리를 팔아 생활한다. 동호의 엄마는 아기를 낳다 아기와 함께 죽는다. 피가 섞이지 않은 세 사람은 계속해서 소리를 팔면서 장을 떠돈다. 그러나 소리에 지친 동호는 집을 나가고, 송화는 유봉에 의해 눈이 먼다. 그리고 소릿재 주막에 터를 잡고 소리 공부를 한 끝에 득음한다. 유봉이 죽고, 유봉을 선학동에 묻은 후 술집을 전전하며 소리를 한다. 그러다 유봉의 친구인 혁필아저씨를 만나 그간의 소식을 나눈다. 그 사이 동호는 한약방에서 약재를 모으는 일을 하면서 전국을 돌며 송화를 찾아다닌다.

위에 제시한 작품들은 다른 장르지만 그 지향하는 바에 따라 비슷한 플롯으로 전개된다. 이에 대한 세밀한 분석은 여기에서는 생략한다.

문화 기술 방법론

문화 기술 방법론

1. 도입

'함께'의 공유가 상상을 뛰어넘어 실현되는 곳이 '글쓰기'의 장이다. 문학은 담론의 역동성을 배가하기 위해 이질적인 것들과의 불편한 동거를 기꺼이 감수하고, 오히려 유도하기까지 한다. 글쓰기의 윤리는 곧 불편한 것들의 동거가 탈 없이 이루어질 수 있도록 해 주어야 한다. 서로가 서로의 가치를 인정하고 지켜주려는 최소한의 노력을 경주할 때 공존의 가치는 빛을 발한다.

글쓰기의 윤리나 철학을 초월한 새로운 장르의 글쓰기라든지 글쓰기의 윤리성을 판단하는 상위담론의 필연성을 주장하는 '윤리적 글쓰기'의 논리가 아님이 분명해진다. 바꿔 말해, 이질적인 것들의 동거로서의 문학의 허구성이란 그 자체로 이미 하나의 탁월한 해체요. 해석의 해석이다.[108]

문학 기술의 핵심 작동 원리는 '아포리즘'이라는 것을 앞서 밝힌 바 있다. 불편한 것들의 동거가 이루어지는 것은 서로를 정면으로 응시하지 않고 비껴볼 수 있기 때문에 가능하다. 자신이라고 했던 것들을 조금씩 비틀면서 나도 처음인 것을 개방하고, 다른 것도 처음인 것을 개방하면서 서로의 연결선들을 모색할 수 있게 되는 것이다.

시간이 흐르는 방향과 반대 방향으로 주체가 형성된다는 것도 하나의 아포리즘이다. 시간이 오른쪽에서 왼쪽으로 흐른다면 문장은 왼쪽에서 오른쪽으로 흐른다. 읽기도 마찬가지다. 세로쓰기의 경우에서는 위에서 아래로 쓴다. 읽기도 마찬가지다. 그런데 문장의 의미는 그와 반대의 벡터를 지향한다. 즉 상징계에서 주체의 벡터는 왼쪽에서 오른쪽으로 형성된다. 주어는 서술어가 발언된 이후에 움직일 수 있다는 말이다. 이것은 지금 우리의 글쓰기 방향과 반대다. 즉 주체는 술어가 발언된 이후에 비로소 의미를 형성할 수 있는 것이다.

> 이때 주체의 벡터의 방향이 오른쪽에서 왼쪽으로 되어 있는 것은 발화의 내용이 마지막 단어가 말해진 후에 구두점이 찍혀 소급적으로 의미가 생성되는 것을 말한다.[109)]

의미는 사후적으로 형성된다. 죽음에 이르러서야 인생 전체를 그릴 수 있는 것과 같은 것이다. 사후적인 것이야말로 사유와 논리를 생각하기에

---

108) 강우성, 같은 논문, 26쪽.
109) 양석원, 같은 논문, 280쪽.

적절한 것이다.

글쓰기의 장에서는 삶과 죽음의 변곡이 일어난다. 여기에서 우리는 좀 더 입체적인 아포리즘을 만날 수 있다. 글쓰기는 영적인 죽음을 동반할 때, 매트릭스로서의 기능을 최대화할 수 있다. 한 번의 글쓰기에 한 차례의 영적 죽음을 동반하면서 쓰고 읽힐 때, 낯선 존재의 출현이 가능하다. 이때 저자의 마지막 말은 언젠가 있을 단 한 번의 육체적 죽음과 무관하게 발언될 수 있다.

"나는 왜 글을 쓰는가"라는 자문에 오웰은 다음과 같이 말한다. "자신의 개성을 말살시키려는 노력을 끊임없이 하지 않고서는 읽힐 만한 글을 쓸 수 없다. 좋은 산문은 유리창과 같다." "사물을 있는 그대로 보고, 참된 사실을 발견해 내서 후세가 이용할 수 있도록 보존하고자 하는 욕구이다."

삶과 죽음의 변곡지점에서 발언된 마지막 말은 저자에게는 '필연성'의 결과물처럼 발언되지만 사실은 '우연성'의 산물이다. 또 후세에게 마지막 말은 어느 날 스치는 바람과 같이 '우연성'의 결과물처럼 만나게 되지만 그것은 스타일이 품은 '필연성'의 산물이기도 하다.

아포리즘을 가장 환유적으로 나타낼 수 있는 언어가 '뫼비우스 띠'다. 데리다는 글쓰기를 자기 구성과 자기 해체의 이중리듬 속에 놓는다. 이것이 '결정불가능한 것들'의 중층 결정적 관계를 지칭한다. 그러나 글쓰기는 이렇게 단순한 이중 리듬만을 형성하는 것이 아니다. 행위로서의 글쓰기는 기저와 표현 사이에 '스타일'이라는 변곡을 갖는다.

> '스타일'이란 바로 독자로 하여금 한 텍스트 내부에서 그 텍스트를 구성하는 결정불가능성을 경험하게 만드는 동시에 그 경험의 존재론적 불가능성을 역설하는 텍스트의 자기생산 구조 – 구조 아닌 구조–를 가리

킨다. 바로 이 '스타일' 에 의해 니체의 텍스트는 '여자(진리+비진리)' 의 이름으로 씌어지고, 진리의 확정을 목적으로 삼는 해석학적 전제들을 불능의 상태에 빠뜨리는 해체적 글쓰기가 된다.[110]

스타일이 강이라면, 글쓰기는 강물에 비유할 수 있다. 그러나 스타일은 유연해서 강물이 흐르게 하는 것이 아니라 강물의 흐름에 따라 강을 형성한다. 강물은 또 그 강을 따라서 흐르는 거의 동시에 형성되고 그 흔적을 남기는 일회성의 강과 강물에 비유할 수 있다.

스타일을 따라서, 스타일을 형성하면서 이루어지는 한 차례의 글쓰기는 인간의 DNA와 같은 나선의 구조를 중층적으로 형성하며 사라진다. 나선의 변곡점에서 나타나는 뫼비우스의 띠와 같은 '꼬임' 이 텍스트를 결정불가능성의 것으로 이끈다. 이 '꼬임' 은 '쓰는 행위의 꼬임' 이라는 형식적인 측면과 의미의 결정불가능성이라는 '내용의 꼬임' 을 동시에 갖는다. 그리고 이러한 '꼬임' 은 저자의 쓰기를 부추기고, 독자가 읽기를 반복하게 하는 매혹 곧 '꼬임' 으로 기능한다.

마지막으로 우리는 문화적 텍스트에서 능동성의 힘이 아니라 수동성의 역능이라는 아포리즘에 주목할 필요가 있다. 텍스트에서 특별한 의미를 만들기 위해서는 스스로 '익명의 존재' 가 되어 다른 '익명의 존재' 와 조우하는 것이다. 낯선 장소를 여행할 때 느끼는 불안과 자유가 닫힌 마음을 열어 그 의미를 배가하듯, 익명과 익명이 조우하는 텍스트에서 우리는 불안과 자유를 만끽할 수 있다.

110) 강우성, 같은 논문, 23쪽.

2. 표현과 플롯

문화와 관련된 제반 학문적 방법론들이 공통적으로 강조하는 것은 '언어' 이다. 그중에서 문화시학이 특히 강조하는 것은 '언어 자체' 가 아니라 '언어 행위' 즉 쓰기이다. 1980년대 초 시작된 신역사주의 문학연구는 신비평이 지향하는 텍스트의 탈문화적, 탈역사적 형식주의와 언어의 극단적 불확정성에 근거한 해체주의, 그리고 획일화된 관념론적 역사관에 근거해 문학을 단순히 역사의 반영이라고 보는 기존의 역사주의를 동시에 거부한다. 그 대안으로서 문학 텍스트의 생산(production), 순환(circulation), 수용(reception)의 과정 전반에 걸친 역사적, 문화적, 사회저 그리고 정치적 역학 관계에 그 이론적 토대를 두고 텍스트를 기존과는 달라진 역사로 회귀시키려는 비평 작업이다.[111)]

그린 블라트가 사용하는 문화시학은 신역사주의의 다른 명칭이다. 그는 문학을 "하나의 문화를 형성하는 기초 체계의 일부분"이라고 말한다.(a part of the system of signs that constitute a given culture)

> 신역사주의자들에게 문학은 최소한의 자율성을 가지고 있는 예술 행위의 산물이라기보다는, 문학 작품이 생산된 구조 속에 내재한 역동적인 문화적 힘의 표현이며, 그런 의미에서 작가의 예술성을 극단적으로 축소시키며 텍스트 안에 등장하는 다성적 목소리는 문화적 이데올로기적 갈등의 산물일 뿐이라고 보고 있다.[112)]

111) 진광현, 같은 논문, 200쪽.
112) 진광현, 같은 논문, 212쪽.

과거의 문화는 문학으로만 남아 있다고 해도 지나친 말은 아닐 것이다. 과거의 역동적인 문화는 서술자의 독백적인 쓰기에 의해 고정되어 있다. 이들 텍스트의 목소리를 지금 여기에서도 효과를 발휘할 수 있는 대화의 목소리, 다성성의 목소리로 살려내고자 하는 것이 문화기술의 목표이다. 따라서 문학이 내재하고 있는 다성적 목소리를 이데올로기적 갈등의 산물이라고 보는 신역사주의자들의 편협한 시선은 극복될 필요가 있다. 이를 통해서 문화시학은 신역사주의로부터 어느 정도 탈피할 수 있다.

문예학의 문화론적 전환의 주된 의미가 텍스트에 대한 해석 방법론의 고유성을 포기하는 것은 아니다. 문화는 그 지평과 폭과 깊이와 높이를 가늠할 수 없을 정도로 방대해져서 어떤 특정한 방법론의 대입이 더 이상 불가능한 지경에 이르고 말았다. 그렇다고 그대로 방치를 하는 것은 너무도 위험하다. 앞서 언급했듯이 지금을 사는 인간은 '문화'에 의해 만들어지기 때문이다. 따라서 오랫동안 문화의 핵심을 자처했던 문예학의 전문적인 과제와 가능성을 더더욱 명확하게 인지하고 문화에 접근할 필요가 있는 것이다.

> 텍스트를 텍스트 밖으로 온전하게 열어젖히기 위해서 우리는 텍스트와 그것의 메커니즘을 더 잘 이해해야만 하며, 그것을 더 냉정하게 관찰해야만 한다.[113)]

113) 김수환, 같은 논문, 130쪽.

텍스트와 그 메커니즘에 대한 이해를 위해서 역사나, 과학적임을 자처하는 방법들 즉 문학 외부의 것들을 가져와서는 곤란하다. 텍스트를 텍스트 바깥으로 온전하게 열어젖히기 위해서는 텍스트 안쪽에서 열어야 한다. 바깥에서 열기를 시도해서는 텍스트의 고유성에 상처를 입힐 우려가 크다. 그것은 마음에 상처를 입은 사람에게 행해지는 외과 수술과 같은 것이다.

텍스트에서 문화로의 확장을 시도하는 열기, 곧 안에서 바깥으로 열리는 텍스트의 지향성 안에서 수동의 역능은 발현된다. 문학예술의 역능, 역동성을 최대치로 끌어올리는 계기는 '능동성' 이 아니라 '자발성' 이라는 것은 새삼 기억할 필요가 있다.

『서사학 강의』에서 애벗은 서사를 시간과 의식의 힘으로 파악하고 있다.

> 서사는 인류가 시간에 대한 이해를 구조화하는 가장 중요한 방법이다. 바로 이것이 서사의 여러 가지 이로움 중에서도 가장 근원적인 축복이 아닐까 싶다. 그리고 인간이야말로 언어와 시간을 의식적으로 이해하는 지구상의 유일한 종이라는 점을 고려해 본다면, 우리가 이러한 인식을 표현할 수 있는 메커니즘을 갖고 있는 것은 당연하다.[114)]

애벗은 인간이 하는 거의 모든 담화에 서사가 나타난다는 점을 들어 서사를 언어에 버금가는 인간의 특징으로 꼽는다. 프레드릭 제임슨이 '서사의 모든 정보화 과정' 을 '인간 사고의 중심 기능 혹은 심급' 이라고 설명한

---

114) H. 포터 애벗, 같은 책, 22쪽.

부분, 장-프랑수아 리오타르가 서술을 '관습적 지식의 가장 본질적인 형식' 이라고 설명한 부분을 애벗은 예시로 들고 있다.[115)]

문화의 시대에 접어들면서 문학의 특화된 효용들에 대해서 관심을 갖는 이들이 더러 있다. 대부분은 긍정도 부정도 하지 않고 아예 신경을 쓰지 않는다. 창작하는 사람은 창작하는 사람들대로 각자 알아서 쓰고, 읽는 사람들은 '문학' 이라는 장르에 전혀 주눅 들지 않고, 개의치 않고, 읽을 수 있는 것들만 읽는다. 현실적인 문화 속에서 문학의 역할과 지향은 두 가지 방향에서 모색되고 있다.

하나는 문학 스스로 문화 속에서 소격화함으로써 자신의 경계를 명확하게 하는 것이다. 그런데 과거 모더니즘 문학이 시도했던 난해성을 통한 소격화는 그 언어의 섬에 들어올 수 없는 대중들에게 동경의 대상이 되기도 했지만 지금은 그런 소격화에 대해서 거의(누구도) 관심을 갖지 않는다는 것이다.

다른 하나는 문학을 둘러 싼 '일상적 삶' 의 사실들을 "문학 외적 계열" 이란 이름으로 문학적 체계의 '진화' 속으로 끌어들이려는 소위 '후기 형식주의자' 들이라고 불리는 이들의 대응이다.

> 이와 같은 움직임에서 우리의 특별한 주목을 끄는 사항은 그러한 지향이 방법론적인 차원에서 수반했던 실제적인 결과들이다. 문학 텍스트와 문화 외적 기록물들을 갈라놓았던 명백한 구분이 흐려지고 이른바 "주변적" 장르들이 지니는 문학사적 역할이 현저하게 재평가됨에 따라 문학과

115) H. 포터 애벗, 같은 책, 18쪽.

비문학적 기록들의 중간지대에 위치하는 수많은 텍스트들(신문, 잡지, 회상기, 일기, 편지) 등이 본격적인 연구의 대상으로 새롭게 편입되었다.[116)]

문학 스스로 자신의 경계를 지우고 여타의 텍스트들과 구분을 자발적으로 상실하는 것은 위험이 큰 모험처럼 보인다. 문학은 언어의 예술이다. 신문, 편시는 예술 언어를 지향하지 않는다. 언어가 목적이 아니라 언어를 수단으로 사용한다. 기존의 문학에 기대했던 것은 언어의 모태로서 역할이었다. 그러나 오늘날 새롭게 만들어지는 어휘, 문장, 문체, 폴롯은 문학으로부터 비롯되는 경우가 거의 없다. 그러니 그 모험 속으로 문학이 걸어 들어가는 것은 매우 위험스러워 보인다.

소격화와 스며들기, 경계지우기는 서로의 지향을 역전시킴으로써, 스스로 자기 뒤집기를 감행함으로써 서로가 서로를 잠식하지 않고, 역동성을 배가시키는 추진체로 작용할 수 있다. 호수의 중앙에 자리한 취수구처럼 언어가 사라지는 지점에 문학을 재배치할 필요가 있다. 문학은 언어가 태어나는 곳이 아니라, 사라지는 곳으로 새롭게 자리매김하는 것이다.

댐을 높여 공유수면을 확장하고 담수량을 증대시키는 것이 문화가 지닌 능동성의 능력이라면, 호수의 취수구처럼 깊이를 알 수 없는 심연까지 넘치는 문화를 부여잡고 내려가는 것이 문학이 지닌 수동성의 역능이다. 이것이 언어가 경계를 지우고, 사라지면서 결행하는 확장 전략이다.

소격화를 확산의 전략으로 삼을 수 있어야 한다. 도넛은 그 빈 중심이 클수록 더 큰 확장이 가능하다. 스스로를 비움으로써 안쪽 바깥과 바깥쪽

116) 김수환, 같은 논문, 111쪽.

바깥을 동시에 확장하는 전략이 소격화의 다른 지향이다. 소격화와 스며들기는 거의 동시에 이루어지면서 뫼비우스 띠처럼 맞물려 돌아야 한다. 그러나 이러한 논의는 학문적 토대 위에서 진행되어야 한다. 만일 담론의 층위에서 진행될 경우 권력과의 관계맺음에 따라 지향과 가치가 달라지는 위험성이 상존하고 있기 때문이다.

> 문학 연구를 문화학적 차원으로 확장할 경우, 먼저 해결해야 할 문제는 문학의 구조가 비문학적 구조, 예컨대, 지식체계나 사회의 구조와 어떻게 매개될 수 있을 것인가라는 점이다. 비문학적 영역과 문학적 영역의 매개점을 따질 때, 우리는 두 가지의 가능성을 떠올릴 수 있다. 먼저 전자의 담론이 후자의 담론에 어떻게 투영되는지를 따진다면, 이것은 반영론에 기초를 둔 전통적인 문화사회학적 연구 방식이 반복에 불과하게 된다. 포스트모더니즘 논의를 거치면서, 문학의 재현가능성이 심각하게 도전받고 있는 현재의 학문적 논의 수준을 고려한다면 이러한 관점은 쉽게 받아들이기 어렵다.[117)]

비문학적 영역이나 문학적 영역 모두 언어적 반영이라는 것을 새삼 확인할 수 있다. 이것을 전제로 하면 두 영역의 매개점을 따로 상정하는 것조차 무의미해진다. 문학의 정치성, 문화적 글쓰기의 정치성은 역으로 문학적 영역의 언어가 비문학적 영역의 언어에 적극적으로 투영되는 것이다. 문화 시학적 측면에서 보면 최후의 목표는 문학적 영역의 언어가 일상의

---

117) 김길웅, 「문학연구의 문화학적 확장」, 『독일언어문학』 제21집, 독일언어문학학회, 2003, 383쪽.

언어로까지 확장해 들어가는 것이다.

공동체의 언어로서 플롯은 앞서 언급한 것처럼 무엇을 은폐하기 위한 장치가 아니다. 공동체가 미루어 짐작할 수 있는 것 즉 생략 가능한 것들을 의도적으로 생략한 것이니, 무의도적 은폐에 해당한다고 할 수 있다.

> 로트만이 다루는 예들은 "다른 관점에서라면 단지 수수께끼 같은 것으로 여겨질 수 있는 해당 시기 인간들의 행위가 오직 일련의 문학적 모델들을 참조함으로써만 해독될 수 있는, 그런 경우들"이다. 로트만의 분석은 특정 시기의 개인적-사회적 행동이 어떻게 우리 앞에 암호화된 "텍스트"로 나타나게 되는지, 그리고 문학적 플롯이 어떻게 해서 우리들로 하여금 이 행위들 속에 감추어진 의미 속으로 파고 들 수 있도록 하는 "코드들"로 기능하게 되는지를 분명하게 보여준다.[118)]

문학작품은 문화의 보편적 저장고가 아니라 보편성이 은폐된 비저장고로서의 성격이 강하다. 보편적인 것들을 생략함으로써 하나의 사건은 플롯을 형성할 수 있다. 이것은 이중의 전략적 의미를 지닌다. 하나는 공동체의 보존을 위한 언어 전략이다. 보편성을 감춤으로써 다른 공동체가 틈입할 수 있는 약점을 최소화시킨다. 다른 하나는 즐거움의 측면이다. 일종의 플롯, 생략의 즐거움이다. 냇물에 놓인 다리는 그 목적이 건너기에 집중되어 있다. 반면 징검다리는 건너기라는 목적 이외에 자체의 심미성은 물론 다채로운 즐거움이 있다. 보편적인 것을 생략함으로써 하나의 사실은 이

118) 김수환, 같은 논문, 127쪽.

야기의 즐거움을 준다. 따라서 ‘정치적 무의식’ 은 멀리 지나온, 멀리 떨어진 우리들에게는 ‘무의식’ 처럼 보이지만, 그 당대, 당사자들에게는 의도된 ‘무의식’ 인 셈이다.

문화적으로 기술을 할 때는 ‘일화’ 로 시작하는 경우가 흔하다. 문화시학의 글쓰기에서는 그린 블라트의 글쓰기가 대표적이다. 이것은 삶에 기반을 둔 비평을 지향하고자 하는 의지의 표현이지만 비평 쓰기에 플롯을 도입하려는 노력의 일환으로 보는 것이 더 타당하다. 일화로 시작하는 문학비평에 대해 비판적인 시각이 없는 것은 아니다. 그들은 이것을 비평의 주관성이라고 꼬집고, 사적인 글쓰기라고 비판한다. 너무 가볍다는 비난도 있다. 이들에게는 다음과 같은 말을 통해 자신들의 견해를 재고해 볼 것을 권하고 싶다.

> 오히려 시대의 사회적·문화적 관계를 조망할 수 있는 투박하지만 아주 중요한 문화상의 편린, 즉 시대와 사회의 이데올로기를 필연적으로 노출하는 사회적 충돌의 미시적 분석 대상이 바로 일화인 것이다.[119)]

그러나 염두에 두어야 할 것은 플롯을 구성하는 출발점으로서 일화는 ‘사건’ 을 중심으로 구성되는 기존의 것과는 다르다는 점이다. 언어와 맺은 특별한 관계, 언어에 대한 특별한 경험에 관한 것이어야 한다. 이때 언어는 생성된 언어나, 낯선 언어, 번역과도 같은 언어 등 생소함의 언어를 의미하지 않는다. “언어의 의미는 사용에 의해서 규정된다”는 것은 후기 비트겐

119) 임병철, 같은 논문, 247쪽.

슈타인의 언어 철학을 대변하는 말이다. 일화는 '언어의 일화', 언어가 특별한 의미와 만나는 그래서 새롭게 규정되는 일화여야 한다. 이것이 문화기술 비평에서 '플롯'의 의미이기도 하다.

3. 벡터와 중층 기술

1) 기호의 자가 증식: 벡터

문화 가치는 전시의 가치가 아니라 삶과 직결된 가치이다. 그러므로 행위를 유발하는 텍스트를 문화적 가치가 높다고 평가할 수 있다. 행위는 양과 방향을 갖는다는 점에서 일종의 '벡터'라고 할 수 있다. 에너지의 역동성을 강조할 때는 '양자(量子)'라는 말도 고려해 볼 수 있다. 그러나 양자는 반복 운동, 진동 운동을 속성으로 삼는다는 점에서 일정한 지향성을 핵심으로 하는 문화의 가치를 논할 때는 '벡터'라는 말이 더 어울린다.

텍스트와 세계의 관계에서 두 겹의 벡터가 발생한다. 하나는 세계에서 텍스트로, 다른 하나는 텍스트에서 세계로 지향한다. 전자를 문학적 벡터, 후자를 문화적 벡터로 구분할 수 있다.

> 우리가 만약 문학 작품을 사회적 존재들의 투명한 반영 매체(즉 동시대 현실을 투영하는 거울)로 간주하지 않는다면 보다 문제적인 지점은 두 번째 벡터이다. 그 자신의 '사회적 존재'로서 이 세계 속에서 살아가는 문학텍스트가 결코 현실적 맥락으로부터 자립적인 '초월적 실체'가 아니라고 할 때, 우선 그것은 문화 체계를 구성하는 일련의 힘들이 서로

> 충돌하며 경쟁하는 그 어떤 '장소'로 간주될 수 있다. 말하자면 그것의 '삶(생산/유통/소비)'은 이 세계를 구성하는 각종 사회적 · 경제적 · 역사적 조건들과 역학관계로부터 결코 자유롭지 않으며, 그렇기 때문에 이 세계의 온갖 정치적, 이데올로기적, 제도적 영향으로부터 자유롭지 않다. 문학 텍스트가 종종 자유로운 것처럼 여겨지는 것은 그것이 이러한 영향들을 교묘하게 '은폐'하고 상징적으로 '조작'하며, 예술적으로 '가공'하기 때문이다. 여기서 문학텍스트의 은폐와 조작에 대응하는 적절한 방식은 '폭로'를 통한 그것들의 '탈신화'이다.[120]

문학은 위의 글에서 우려하고 있는 것들을 자발적으로 은폐하고, 알레고리적으로 재배치하고 창조적으로 재생산한다. 이것이 문학의 공간성이다. 이러한 우려는 여전히 문학을 문화의 일부분으로서 상정하면서, 문학이 지닌 수동적 자발성과 제반 사회적인 것들의 능동적 타발성을 구분하지 못한 데서 오는 오해이다. 문학은 은폐를 통해서 그것들을 좀 더 신화적인 것으로 만들 필요가 있다. 숨도 쉴 수 없는 현실에서 소격화되는 것들이 있어야 비로소 몸을 꿈틀거릴 수 있는 공간이 마련된다. 숨통이 트여야 팔딱여 볼 수 있다. 몇 번의 팔딱임으로 적당한 공간이 확보될 수 있다면 그곳에서 문학은 '자기 뒤집기'를 감행할 수 있다. 그렇게 생긴 변곡의 지점을 우리는 '카오스'라고 일컬을 수 있다.[121]

가다머는 플롯을 공동체의 언어로 보고 있다. 행위, 특히 언어적 실천 행위는 낱말이나 문장 단위에서 이루어지는 것이 아니라 '플롯' 단위로 이

---

120) 김수환, 같은 논문, 115쪽.
121) 모리스 블랑쇼, 『카오스의 글쓰기』, 그린비, 2012, 102쪽.

루어진다고 보고 있는 것이다. 플롯의 구조를 지닐 때 쓰기 자체는 역동성을 얻을 수 있다. 이러한 역동성은 대립적인 관계에서 얻어지는 것이 아니다. '사회적인 것과 문화적인 것' 사이에 이루어지는 팽팽한 긴장 관계의 마주섬이 아니라 비켜섬, 엇갈림에서 발생한다.

둘의 엇갈림은 일종의 힘의 벡터로서 '사회적인 것의 문화적 조건성'을 바탕으로 전개된다. 전통적인 관점에서는 사회·역사적인 것을 충분조건으로 문화적인 것을 필요조건으로 놓았다. 그런데 이 관계가 역전되면서 강력한 '벡터'가 발생한다.

> 문화적 상징형식들뿐만 아니라 우리가 흔히 '현실'이라고 부르는 모든 종류의 사회적·역사적 제도적 실체들이 또한 '문화적으로 구성되어 있다'는 확신을 공유한다. 따라서 문화를 모종의 "상징적이고 언어적이며 재현적인 체계"로 이해할 때, 그러한 이해가 암묵적으로 전제하고 있는 것은 사회사 그 자체는 문화사의 원인이 아니라 오히려 그것의 결과라는 역전된 인식이다. 말하자면 사회적인 것은 오직 그것의 문화적인 표현들(재현)을 통해서만 존재하고 또 인식될 수 있다.[122)]

이러한 역전을 통해 발생하는 벡터는 일종의 크기와 방향을 지니지만, 더 주목하는 것은 자율적 증식 능력을 지니고 있다는 점이다. 자율적 증식 능력의 원리가 곧 '플롯'인 셈이다.

서사의 플롯이 사건성에 바탕을 둔다면 문화사 기술과 관련된 플롯은

---

122) 김수환, 같은 논문, 112~113쪽.

물음의 힘에 의한 쏠림, 경사에 의해 상정된 '벡터'를 추동력으로 삼는다. 물음, 문제의 본질은 통합의 의지 자체 혹은 해체의 의지 자체가 아니다. 아마도 이것은 문학의 본질에 가까울 것이다. 문화사는 경계 해체와 통합의 전 과정 그리고 거기에 작용하는 구체적인 '힘의 벡터'에 대한 물음이다. 논점을 조금 달리하지만 벡터가 지닌 두 가지 특성에 대해 설명하는 글이 있어 예로 든다.

> 삶과 예술, 실천과 담론, 사회적인 것과 언어적인 것의 이분법을 구성하는 힘의 논리는 거칠게 말하면 두 가지 벡터를 따른다. 첫째, 문학 텍스트 속에서의 세계의 사회적 존재에 대한 심문, 그리고 둘째, 세계 내에서의 문학 텍스트의 사회적 존재성에 대한 물음이 그것이다.[123)]

벡터의 한 방향은 삶으로부터 텍스트로 향하고, 다른 한 방향은 텍스트로부터 삶으로 향한다. 그러나 문학에 대한 비평과 달리 문화에 대한 비평은 이분법을 전제로 하지 않는다. 두 면을 단일 면으로 만드는 것은 '자기 뒤집기'이다. 한 번 뒤집혀진 것은 '뫼비우스띠'처럼 하나의 경계를 지닌 둘이면서 하나인 면을 이룬다. 이때 문화사 기술을 추동하는 벡터는 삶과 텍스트, 텍스트와 삶을 분명하게 구분하면서도 단일한 면을 이루게 한다. 이 둘의 자연스러운 연결을 통해 획득한 '힘'은 플롯과 결합해서 문화사 기술을 텍스트의 설명과 이해를 목표로 하는 비평에서 벗어나게 만든다. 문화사 기술은 '기호의 자율적 증식능력'을 갖추고 있는 글쓰기이다.

---

123) 김수환, 같은 논문, 115쪽.

예술 텍스트에서 일상으로 시적 언어의 벡터가 작용할 수 있다면 우리의 삶은 일에서 놀이로, 놀이에서 예술로 승화할 수 있을 것이다. 다른 측면에서 일상 행위에서 시학적 측면을 발견해 낼 수 있다면, 그런 통로의 구축 가능성을 확인할 수 있다면 우리는 새로운 삶으로의 전회를 꿈꿀 수 있을 것이다

> 일상행위의 시학을 논한다는 것은 〈……〉 날마다 반복되는 평범한 행위들이 의식적으로 예술 텍스트의 규범과 법칙을 지향했으며 직접적으로 미학적인 체험으로 간주되었다고 주장하는 것에 다름 아니다. 만일 이러한 명제가 증명될 수 있다면 그것은 해당 시기 문학의 가장 중요한 유형학적 특질 중 하나가 될 것이다.[124)]

문학의 미래, 미래의 문학의 길, 한 마디 한 마디가 시가 되니, 결국 시가 더 이상 필요 없어지는 것이다. 레크리에이션 혹은 여가 선용은 자체의 효과보다는 희소성이 가치의 핵심에 자리한다. 모두가 시를 말하면 시는 시시한 것이 되고 만다.

2) 중층기술

언어는 지평과 심층(지층)을 지니고 있다. 언어의 지층은 현실적인 층위, 텍스트의 층위, 실재의 층위 등 크게 세 부분으로 나눌 수 있다. 이 층

124) 김수환, 같은 논문, 116쪽.

은 명석하게 구분되는 것은 아니다. 특히 텍스트의 층은 공시적, 통시적 측면에서 모두 '흐트러진 층'[125)]으로서의 성격이 강하다.

언어의 지평을 대화적 언어, 시적 언어, 해석의 언어로 구분하고 있는 사람은 가다머이다. 이것은 다시 자연의 언어, 예술의 언어, 사물의 언어와 대칭을 이룬다. 그리고 이러한 언어들이 일정한 지향성을 이루면서 물결치듯, 역동적으로 흘러가는 길이 다름 아닌 '플롯'이다.

의미(플롯)가 구성되는 근간을 가다머는 '사변 구조'라고 일컫는다. 가다머는 이러한 "언어의 사변 구조는 고정되어 있는 대상이 모사가 아니라 의미 전체가 말을 걸어 오는 언어적 표현"[126)]이라고 말한다. 좀 더 정확하게 말하면 이 사변 구조에서 역동적으로 움직이는 것은 의미 자체가 아니라 말이다. 말을 걸어 온다기 보다는 의미가 말을 걸어 온다, 말이 걸어 온다는 표현이 더 적확한 표현일 것이다.

사변적 구조의 한 예로는 비평적 글의 전략 모형을 들 수 있다. 이때 설명과 이해의 변증법에서는 대화의 언어가 작동을 하게 된다. 분석에서는 시적 언어가, 해석에서는 해석의 언어가 매개체이자 작용체로 작동한다. 이때 대화의 언어가 지향하는 목표는 '자연의 언어'이며, 시적 언어는 예술의 언어를, 해석의 언어는 사물의 언어를 지향한다.[127)] 언어의 지층과 지평의 언어 그리고 사변 구조를 구성하는 언어와 그 언어들이 지향하는 언어까지를 쌓아서, 마치 '팰트'처럼 두텁게 기술되는 것이 '문화 기술 방

---

125) 인류학, 고고학에서 사용하는 용어이다. 단층, 습곡 등으로 인해 시대를 달리하는 유물들이 함께 발견되는 층을 일컫는다.

126) 한스 게오르크 가다머, 『진리와 방법 Ⅱ』, 문학동네, 2013, 426쪽.

127) 한스 게오르크 가다머, 같은 책, 427쪽.

법' 의 핵심 전략이다.

기술 방법의 측면에서도 문화 기술은 중층 기술을 지향할 수밖에 없다. 앞서 살펴본 대로 그린 블라트은 텍스트 해석에 있어 고려해야 할 바를 세 차원으로 구분한 바 있다. 텍스트는 '작가와 관련된 역사적 차원', '텍스트 자체와 관련된 암호화 차원', '독자와 관련된 암호의 해독 차원' 으로 구성되어 있다고 본다.

해석에서 또 하나 염두에 두어야 할 것은 리쾨르의 세 겹의 은유이다. 한 겹은 사물의 은유인데 사물이 작품이 되는 은유이다. 하나의 바위가 부처가 되는 것이 이에 해당한다. 두 겹의 은유는 쓰기의 은유이다. 작품을 대상으로 한 쓰기의 은유이다. 여기에는 작가의 상상력이 주로 작용한다. 세 겹의 은유는 읽기의 은유이다. 대상의 직접성, 구체성이 완전히 지워진 언어를 통해서 작가의 상상력, 석공의 상상력을 능가하는 상상력을 발휘할 수 있는 것이 읽기의 상상력이다. 이 세 가지 행위 중심의 은유 즉 언어에 대한 고려도 중층 기술에서는 이루어져야 하기 때문에 문화 기술은 매우 두텁게 이루어지지 않으면 안 된다.

따라서 시간과 공간, 지평과 지층을 달리하는 다채로운 언어를 하나의 텍스트로 엮기 위해서는 플롯이라는 공동체의 언어를 채택할 수밖에 없다.

> 개별텍스트는 담론의 끈들이 만들어낸 직조물이지만, 반면 텍스트는 담론들을 구성하고 변형시키는 기능을 한다. 텍스트가 담론으로 이루어져 있듯이 담론도 텍스트로 이루어져 있다. 포스트모더니즘의 역사학은 이렇게 담론의 개념을 통해 부각된 상호텍스트성이 개별 텍스트의 특징일 뿐 아니라 텍스트로 간주되는 문화와 역사의 특징이기도 하다. 이러한 기술은 중층 기술의 기법으로 문화와 복잡한 텍스트망을 추적하는 기

어츠의 문화분석이나 담론의 실로 조밀하게 짜인 문화와 역사의 직조물을 확대하여 그 실 하나하나를 세밀하게 분석하는 신역사주의 연구 방법을 정당화 한다. 이들의 공동적인 목표는 무엇보다 역사를 통일성이나 전체성이 아닌 복잡성, 무질서, 다성성, 비논리성의 원칙에 따라 재구성하거나 혹은 텍스트화 하는 것이다.[128)]

담론과 텍스트에 대한 이행에는 사태와 사건 그리고 플롯에 대한 이해가 함께 해야 한다.

4. 문화 플롯의 구조

문화의 기술에서는 텍스트성, 상호텍스트성, 콘텍스트성을 모두 강조한다. 이것은 문화 가치의 차별을 최소화하고 그 차이를 변증법적 지향의 원동력으로 삼기 위해서이다. 변증법적 지향은 특정의 목적을 향해가는 것이 아니라 지향 자체에 충실한 쓰기, 곧 문화적 쓰기 자체를 말한다. 다양한 언어가 '팰트' 처럼 모여서 하나의 텍스트를 만들 수 있어야 한다. 그런 장을 마련하는 것이 중층의 문화 기술이 지향하는 바이다. 그런 측면에서 지역어는 중층의 문화 기술에서 매우 중요한 역할을 담당할 수 있다.

이질적인 문화와 계층에서 나타나는 언어의 의미의 차이는 그것이 어

128) 라영균, 같은 논문, 117~118쪽.

떤 역사적이고 실천적인 배경을 가지고 있는 한, 현실적이며 어떤 의미에서는 부정할 수 없는 것이기도 하다. 문화적 가치의 갈등을 극복하기 위해서는 우리가 해야 할 일은 현실적으로 존재하지 않은 의미의 동일성을 전제하는 일이 아니라, 그런 차이의 배경을 이해하고 오히려 그 차이를 무의미하게 만들 수 있는 전혀 새로운 의미를 만들어내는 일이다.[129)]

그러나 '전혀 새로운 의미'의 가능성은 언어적으로 본다면 불가능성의 가능성으로만 남는 것이다. 차이를 무의미하게 만드는 것은 특수한 문화의 가치나 효과를 인정하지 않겠다는 것으로 오해받을 소지가 있다. 이와 달리 차이를 극대화하는 전략이 가능하다. 이를 통해 문화와 문화 간의 역동성을 증대하는 것이다.

문화의 근간도, 고차도 모두 언어로 이루어져 있다는 것은 재론의 여지가 없다. 그래서 문화의 차이의 극대화, 문화의 역동성을 제고하기 위해서 우선 고려할 수 있는 것이 언어의 다양성을 확보하는 것이다.

바흐친 이래로 모든 언어는 사회적 콘텍스트 내에서 이해되어지며, 모든 발화는 그 자체가 투쟁의 장이라는 새로운 언어 개념이 개진되기 시작했는데 이것이 푸코식 담론 개념의 바탕을 형성한다.[130)]

이상적인 언어는 콘텍스트성을 제대로 발현하지 못한다. 너무나 투명한

129) 이유선, 같은 논문, 81쪽.
130) 김용태, 「미셸푸코, 권력과 지식, 그리고 신역사주의」, 『인문과학연구』 제15집, 성진여자대학교 인문과학연구소, 1996, 5쪽.

언어이기 때문에 배경이 될 수 없을 뿐더러 '어떤 것'을 감출 수도 없다. 콘텍스트로서 지역어의 가능성은 단순히 여러 가지 것이 섞음으로 해서 기인하는 것은 아니다. 지역어의 뛰어난 콘텍스트성은 지역 공동체가 이룬 두터운 언어적 지층을 토대로 보편적인 것들이 텍스트에 드러나지 않고 지역어의 지층 속에 은폐되어 있다는 것이다. 이것은 의도적인 은폐가 아니다.

전라도 말의 '거시기' 처럼 공동체의 구성원이라면 텍스트의 맥락 안에서 언제든지 발현이 가능하다. 보편적인 것의 생략은 두 가지 측면에서 전략적으로 사용되었다. 하나는 보편적인 것을 언어의 지층 속에 은폐함으로써 텍스트는 개별적인 것들이 강렬하게 드러나는 각축장, 경연장이 될 수 있었다. 또 하나는 공동체의 보편적인 것을 공동체 이외의 성원에게는 노출시키지 않음으로써 공동체를 강화하고 유지하는 전략으로 삼은 것이다. 따라서 문화 기술에서의 해석 작업의 핵심에는 이러한 보편적인 것들을 들춰내 현재화시킬 수 있는 다양한 경로의 모색이 포함되어 있는 것이다.

문화 기술에서 중요한 것은 '해석' 이다. 인간은 이제 산과 강으로 대별되는 제1의 자연에서 생활하지 않는다. 오랜 시간 축조해 온 문화라는 제2의 자연에서 살고 있다. 극단적으로 말하면 제1의 자연은 없어도 살 수 있지만, 제2의 자연이 없으면 더 이상 인간다운 삶을 살 수 없다는 것이다.

> "제2의 자연"을 창조할 수 있는 원동력은 행위이다. 다시 말해서 행위는 생존 부담, 즉 스스로 생존 환경을 만들어가야 하는 운명적인 짐을 극복하는 인간의 활동이다. 그러므로 우리들의 주제인 "문화의 기원"에 대

131) 박만준, 같은 논문, 112쪽.

한 해명은 결국 인간이 자신의 행위를 통해서 "제2의 자연"을 형성해 가는 그 과정을 밝히는 것, 이른 바 "행위 이론으로서 인류학적 탐구"이다.[131]

행위로서의 글쓰기, 즉 비평적 글쓰기의 전략을 '행위'에 초점을 맞춰 구성할 때, 작용하는 것이 설명과 이해의 변증법, 그리고 분석과 해석의 변증법이다. 이를 가다머 식으로 하면 물음과 답변의 변증법, 물음과 해석의 변증법이 된다. 앞서 살펴 본대로 설명과 이해의 변증법적 작용을 통해 분석, 해석이 추동되고, 분석과 해석의 변증법을 통해 새로운 답변, 혹은 새로운 해석이 추동된다.

문화 기술의 해석학적 성격을 강조할 때 해석의 핵심에 놓이는 것은 문학 텍스트다. 문화 기술의 대상이 되는 문학 텍스트는 세 가지 성격을 지닌다.

> 특정 저자의 구체적 행위에 대한 현시, 행위가 형성되는 암호적 표현 그 자체, 그리고 그 암호에 대한 반향이 세 가지 성격이다. 이들은 서로 맞물려 연동하면서 하나의 문화 내에서 기능한다.[132]

설명의 단계에서는 주로 첫 번째 성격으로 드는 '특정 저자의 구체적 행위에 대한 현시'에 주목한다. 두 번째 성격인 '암호적 표현 그 자체'에 대한 탐색은 분석의 역할이다. 이 둘은 문학을 이해하는 전통적인 관점에 해당한다. 세 번째 성격인 '암호에 대한 반향'을 언어로 표상하는 작업이 해석 단계에서 이루어진다. 그린 블라트 역시 "문화시학의 핵심을 세 번째

132) 임병철, 같은 논문, 242쪽.
133) 임병철, 같은 논문, 242쪽.

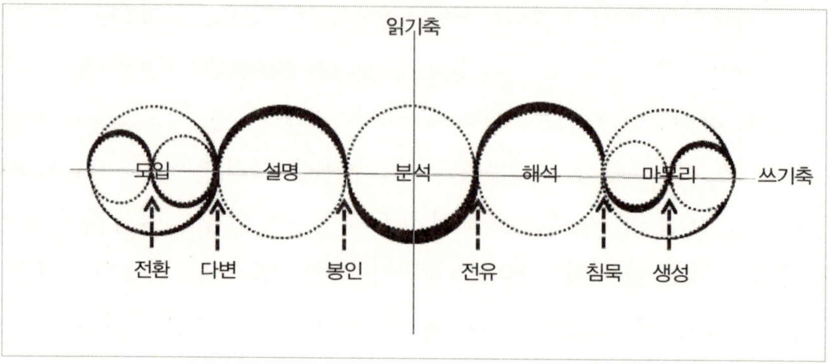

성격에 대한 언어적 표상 작업으로 본다."[133)]

이 해석의 단계에서 쓰기의 행위적 실천, 실천적 쓰기, 쓰기의 정치성도 드러나게 된다. 해석의 단계에서는 텍스트의 이면에 억제된 담론을 표상화시키는 작업에 특히 중점을 둔다. 억제된 담론이 표상화 될 때 텍스트의 정치성을 발현한다. 텍스트에 정치성이 발현될 때 독자의 행위력은 벡터로서 발현될 수 있다.

> 문학과 문화적 생산이 역사를 단순히 모방하여 반영한다고 생각하지 않으며, 문학 텍스트에 기록되지 않은 "억제된 담론"은 "표현된 담론"만큼이나 흥미롭고 많은 것을 말해준다고 생각한다. 그들에게 언어는 대상을 단순히 객관적으로 반영하는 것이 아니라 대상의 의미를 구성하는 데 참여하는 것으로 이해되며, 언어를 통해 현실의 반영과 현실의 왜곡이 동시에 진행되고 있다고 간주한다.[134)]

134) 김종환, 같은 논문, 187쪽.

반영된 현실과 왜곡(변주)된 현실의 간극을 채우는 것이 독서 행위이다. 분석과 해석의 변증법을 밀고가는 추동력, 그리고 문화적 실천에는 '전복과 봉쇄' 가 작동한다. 분석과 해석의 변증법에서 분석 쪽으로 지향성을 두면 봉쇄가, 해석 쪽으로 지향하면 '전복, 위반' 이 실천의 핵심을 이룬다.

> 신역사주의자들은 모든 형태의 권력을 정치적인 것으로 보려한다. 푸코의 이분법적 권력 작용의 영향을 받는 그린 블라트는 권력구조를 '전복(subwrsion' 과 '봉쇄(containment)' 의 영역으로 이분한다. 신역사주의자들이 그리는 역동적 문하 모델은, 전복적이며 주변적인 세력도 일단은 의미를 부여 받게 되고, 나름대로의 전략적 역할을 수행하게 된다는 점도 이러한 작용을 다양한 정치적, 사회적 에너지의 순환과정 속에서 가능하게 된다는 점이다.[135)]

(1) 시간 플롯

담론의 현재 - 발생(원천) - 변곡 - 확장(고양, 전망) - 담론의 현재

(2) 공간 플롯

이곳에 있기 - 그곳에 다가가기(설명) - 그곳에 있기(분석) - 의미부여하기(해석) - 다시 이곳에 있기

135) 김용태, 같은 논문, 15쪽.

(3) 인간 플롯

'나'와 문화어 – 선행자의 문화어휘(설명) – 동시대인의 문화 어휘(텍스트, 동료의 문화 어휘) – 후행자의 문화 어휘(해석) – 비평의 '나'와 문화어

(4) 하나의 예시

원제는 「Never Been Kissed」이고, 우리에게는 「25살의 키스」로 알려진 영화가 있다. 1999년에 제작한 미국의 코미디물이다. 주인공인 드류 베리모어는 기자 역을 맡아 열연했다. 이 영화의 줄거리는 다음과 같다.

> 잡지사 기자인 조시 겔러(드류 배리모어)는 고등학교에 위장 침투하여 고교생의 모습을 취재한다. 고등학생으로 되돌아간 그녀는 졸업 무도회 날 파트너에게 달걀 세례를 받거나 졸업할 때까지 키스 한 번 받아보지 못했던 자신의 학창 시절 끔찍했던 기억들을 떠올리며 힘들어 하지만, 곧 영어 교사 샘(마이클 바탄), 우등생 알디스 등과 가까이 지내며 학교생활에 적응해 간다.
>
> 조시의 편집장인 거스는 멋진 학생들을 취재해 오라며 조시를 힘들게 하고, 고교 시절 야구 스타였으나 지금은 백수건달인 조시의 동생 로버트도 학교에 위장 전입하며 조시를 난처하게 만든다.
>
> 졸업 무도회에서 알디스가 개밥을 뒤집어 쓰는 것을 막으려던 조시는 자신의 신분을 노출하고 샘은 자신이 이용당했다는 사실을 알게되자 조시에게 배신감을 느낀다. 기사마저 경쟁지로 넘어가자 조시는 새로운 결심을 하며 샘에게 자신의 마음을 담은 감동적인 이야기를 쓴다. 그녀는 샘이 자신에게 공개적으로 키스해주길 바란다는 의사를 샘에게 전달하는데……[136]

주인공이 잡지에 실은 기사는 다음과 같다.

> 글을 잘 쓰려면 아는 이야기를 써야 한다고 했다. 내가 아는 얘기는 내가 25살이며 키스해 본 적이 없다는 사실이다. 공부 벌레였던 난 선생님에게 숙제를 더 내달라고 했고 숙제를 하면서 대부분의 어린 시절을 보냈다.
>
> 고등학교시절도 똑같았는데 17세 때 내 운명이 바뀌었다. 남자애가 내게 졸업무도회 파트너가 돼 달라고 한 것이다. 결국 그건 잔인한 농담이었으며 아직도 그 상처가 남아 있다.
>
> 얘기하기엔 너무나 수치스런 일이다. 하지만 내 수지스런 역사를 밝혀야만 내가 지금 뭘 깨달았는지 설명할 수 있을 것이다.
>
> 난 병아리 기자로서 첫 취재에 나섰다. 요즘 고등학생들에 대해 조사하라는 임무였다. 내가 찾아낸 것은 내 자신과 변하지 않은 고등학교였다. 여전히 혼자서 북치고 장구치는 선생님이 있고, 공주병 걸린 여학생들도 있다.
>
> 걔들은 커서도 여전히 아름다운 아가씨로 남아 있게 될 것이다. 모두가 수재라고 인정하는 똑똑한 애들도 있다. 하지만 모두가 내 마음의 짝이며 내 선생님이며 친구들이었다.
>
> 신비로운 자신감이 느껴지는 남자애가 있는 것도 여전하다. 그리고 그는 모든 면에서 완벽해 보인다. 아침에 일어나 학교에 가는 것

---

136) 다음영화, http://movie.daum.net/moviedetailStory.do?movieId=1965(검색일: 2015. 12. 10)

도 그 아이 때문이다. 그가 없다면 사우스 글렌도 예전과 같진 않았을 것이다. 그리고 고등학교도 예전과 같지 않았을 것이다.

난 고교 시절의 아픔 때문에 평생 많은 후회 속에서 살았다. 난 두 번째 고교 시절을 보낸 후 딱 한 가지 후회만 남았다. 내가 자아를 발견하면서 한 선생님에게 상처를 준 것이다. 이 기사가 도움이 될 진 몰라도 그 분이 받은 상처를 보상하진 못할 것이다. 그 분에게 말하고 싶다. 그게 누군지 당신은 아시겠죠. 죄송해요, 한 가지 덧붙이고 싶은 게 있는데 당신을 사랑해요.

그래서 이런 제안을 하고 싶어요. 이 기사를 마무리 짓고 내 인생의 새로운 장을 열면서 나, 조시 겔레는 사우스 글렌 고교가 출전하는 야구 결승전에 가겠어요. 경기 시작 5분 전에 투수의 마운드에서 있을 게요. 내 사과를 받아들인다면 내게 와서 내 생애의 첫 번째 키스를 해주세요.

–『시카고 썬 타임즈』

문화 시학과 문화 비평

문화 시학과 문화 비평

1. 도입

인간은 신(神)의 피조물인가? 진화론자들은 그렇지 않다고 단언한다. 인간은 빙하기 동안에 생물학적 존재에서 문화적 존재로 발전을 꾀한다. 대략 400만년 전에 출현한 오스트랄로피테쿠스가 생물학적 존재로서 원인(猿人)이었다. 현생 인류의 조상으로 알려진 호모 사피엔스는 6~7만 년 무렵에 활동의 정점을 이룬다. 인류학자들은 100만년을 축으로 삼아 그 이전은 원숭이에, 그 이후는 인류에 더 기우는 것으로 보고 있다. 우리의 문화는 대략 100만년이라는 시간 층이 쌓여 있는 것이다.

이 시간 동안 인간은 "대단히 우연한 것이기는 했지만, 정말 문자 그대로 스스로를 창조했다."고 문화인류학자 기어츠는 말한다. 동물 중에서 인간은 생존에 필요한 생물학적 조건을 거의 타고 나지 못했다. 사냥을 위한 달리기 능력, 힘, 송곳니의 날카로움은 비교가 되지 않을 정도로 취약한 부분이 바로 방한(防寒)이다. 빙하기 동안 인류는 살아남기 위해 다른 동물들의 털을 대신할 옷을 만들어낸다. 옷감을 다른 동물들의 털로부터 얻게 된 것은 자연스러우면서, 아이러니하다.

현재 우리가 '쓰기' 혹은 '쓰기에 의해 생산된 것'을 가리키는 '텍스트'는 옷감을 짜다는 의미에서 가져왔다. 인류는 자신이 처한 절대적 결핍을 옷감(text)을 짜서 보충함으로써 자신들보다 훨씬 더 강력한 능력을 타고난 다른 동물들의 우위에 설 수 있었다. 그리고 창출된 문화적 잉여를 쓰기(text)를 통해 전파하고 전승함으로써 스스로를 창조할 수 있게 된 것이다.

복합과 융합이라는 말을 같이 쓰는 것은 어렵다. 복합은 비빔밥을 연상하면 쉽고 융합은 갖은 야채를 넣고 살짝 삶아서 갈아낸 야채죽을 떠올리면 그 차이를 쉽게 구분할 수 있다. 문학의 문화학적 확장을 비빔밥처럼 볼 것이냐, 야채죽처럼 볼 것이냐에 따라서 문학의 입지는 전혀 달라질 수밖에 없다.

'문화학'은 '문학학'만큼 애매모호하다. 경계, 정체가 애매모호하다는 것은 쉽게 융합할 수 있다는 말이기도 하다. 특히 문학은 다른 것들과의 '복합'의 경험이 많지 않다. 문화는 복합 자체이다. 둘의 복합 혹은 융합의 결과를 낙관적으로 바라볼 수밖에 없다. 맛이 있을 것인가, 효과가 있을 것인가, 잘못 섞이게 되면 회복이 불가능하기 때문에 조심스러울 수밖에 없다. 문화는 확장하는 것이 일이고, 문학은 깊게 지워져야 하는 것이 '본연'이라면 흔적을 남길 수밖에 없는 문학의 문화적 확장은 문학의 입장에서는 더더군다나 조심스러울 수밖에 없다.

전통 사회에서 자연은 인간의 모태였고, 도달해야할 이상이었다. 자연에서 태어난 인간은 다른 차원의 자연을 향해 나아가는 존재였다. 그 자연을 이제 공공연하게 제1의 자연으로 칭한다. 제2의 자연이 있다는 말이다.

> 동물들은 생득적인 기능과 본능에 따라 환경에 적응하여 살아가지만, "엄밀한 의미에서 자연적 인간은 존재하지 않는다." 인간의 세계는 자연이 아니라 "문화의 세계"이다. 다시 말해서 문화는 인간이 생존하기 위해 창조한 "제2의 자연"이다. 그리고 인간이 "제2의 자연" 속에서 살아갈 수 밖에 없다면, 인간은 "타고날 때부터 문화적 존재"이다.[137]

제1의 자연과 제2의 자연으로 구분이 가능하다면 이상적 자연 존재로서의 인간을 제1의 인간으로, 문화적 인간을 제2의 인간으로 칭할 수 있다. 생체의 DNA로는 구별할 수 없다고 하더라도 정신적 혹은 언어적 DNA상으로 둘은 다른 인류라고 할 수 있다.

문화의 시간은 역사의 시간과 그 지향성을 달리한다. 문화는 우리의 삶과 직결되어 있기 때문에 선적(linear)으로 배치할 수도 없다.

> 문화의 기원을 찾는 것은 단순히 현재로부터 역행하면서 역사적 사실을 해석해 가는 것이 아니다. 그리고 오늘날 이루어지고 있는 태고의 유적이나 현존하고 있는 원시민족의 행동 양식에 대한 경솔한 해석이나 그럴 듯하게 꾸민 설명은 상당히 의문스러운 것이다. 왜냐하면 그것은 출발점이 잘못 되었기 때문이다.[138]

---

137) 박만준, 같은 논문, 112쪽.
138) 박만준, 같은 논문, 96쪽.

오늘날의 삶에 어떤 의미를 줄 수 있어야 태고의 유적도 진정한 유물일 수 있다. 우리의 문화는 그곳에서 기원한 것이 아니다. 기어츠의 '문화결정론' 의 진정한 의미는 당시의 것은 당시의 눈으로, 그 장소의 것은 그 장소의 관점에 의해 가치가 부여되어야 한다는 것에 머물러서는 안 된다. 자연에 가까워지는 것은 '문화' 에서는 멀어지는 것이다. 문화의 기원은 살아 움직이는 '지금여기' 이다. 문화는 대상과 주체의 시선 사이에 순간적으로 결정되고 해체되는 거의 모든 의미이다. 그런 블라트가 텍스트 해석에서 중요하게 여기는 것도 현재적 관점과 경험이다.

> 텍스트를 읽는 현재의 관점이 텍스트에 역사적 의미를 부여함과 동시에, 그러한 의미의 부여 과정 자체가 다시 텍스트화될 수 있기 때문이다. 그러므로 그의 문학 비평은 전통적 문학사가 말살해 온 텍스트 구성 행위를 텍스트 해독의 전면에 내세우면서, 과거는 물론이고 현재마저 역사화하려는 시도라 할 수 있다.[139)]

기어츠는 문화를 "상상적 행위 혹은 상징적 행위의 다발" 로 이루어진 '만들어 낸 의미의 조직', '의미와 상징의 체계' 로 보았다. 기어츠에게 문화는 언어(상징)를 의미한다. 문화는 인간이 만들어낸 의미의 다발인 것이다. 비슷한 맥락에서 바르트는 인간을 문화의 주체로 삼고, 인간을 '의미를 만들어내는 인간" 이라 칭했다. 이 다발은 그냥 묶은 것이 아니라 문화적 효과를 최대화할 수 있는 '문화적 플롯' 을 통해 재배치되고, 재서술 된다.

---

139) 임병철, 같은 논문, 248쪽.

2. 문화시학의 방법론

시학은 일상 언어가 예술 언어로 변곡하는 과정을 탐색하는 학문이다. 이 과정을 통해 의사소통의 수단인 언어가 예술적 효과를 발현하는 과정을 더듬는다. 문화시학은 범박하게 말해 일상 언어가 어떻게 문화적 효과를 발현하는가를 탐색한다.

문화시학자들은 형태를 갖고 있는 언어가 그것을 사용하는 문화에 의해 다시 형성된다고 믿는다. 표면적으로 말해지는 것보다 훨씬 많은 것이 언어에 의해 의미된다고 확신한다. 언어는 담론, 문서, 문학, 사회적 행동, 그리고 개인 혹은 집단이 다른 개인이나 집단에게 사상들 혹은 행동들을 강제하는 그런 사회적인 관계까지 포함한다.

문학시학의 유력한 방법 중 하나는 언어의 역사를 재구성하는 것이다. 언어는 자의성과 사회성을 속성으로 가지고 있다. 자의(恣意)적이라는 것은 형식과 의미가 필연적이지 않다는 것이다. 그러나 형식과 의미의 만남은 사회적인 것이기 때문에 쉽게 필연적인 것에 버금가게 변하지 않는다. 그 변화의 속도는 매우 느리고 미세하다. 그럼에도 불구하고 언어는 시간이 흐름에 따라 끊임없이 변화한다.

이 변화는 미세하고 속도도 매우 느리다. 그럼에도 불구하고 시대에 따라 다른 가치로 변곡하는 지점을 확인할 수 있다. 가령 '질투'라는 말은 우리 시대에는 삶을 역동적으로 만드는 동인으로서 긍정적인 가치를 부여받고 있다. 조선시대의 '질투(嫉妬)'는 여인의 칠거지악의 하나였다. 기형도 시인의 「질투는 나의 힘」과 이를 모티브로 영화화한 박찬옥 감독의 영화 「질투는 나의 힘」은 질투의 긍정적 힘을 부각하고 있다. 1990년대 트랜드 드라마를 이끌었던 드라마 「질투」 역시 그 긍정적인 힘에 주목하고 있다.

'질투' 라는 말의 사회적 의미, 문화적 효과의 변곡을 다채로운 텍스트를 통해 탐색 할 수 있다.

언어의 역사성은 역사의 언어성이라는 말로 고쳐 말할 수 있다. 언어로 이야기되지 않는 것은 역사로 전해지지 않는다. 문학, 글쓰기 혹은 권력의 이동, 관계를 수반하는 다른 관계들처럼 역사는 줄거리를 담고 있다. 문학 작품이나 서사 담론과 마찬가지로 역사는 결코 완전하게 밝혀지거나 완벽하게 설명될 수 없는 언어로 이루어졌다.

당시의 역사적 상황, 작가, 독자 그리고 현재의 문화와 상호 작용을 하고 있다는 점에서 역사와 서사적 담론은 큰 차이가 없다. 따라서 역사적 내용에 대한 사실성, 상황에 대한 완전하고 객관적인 이해를 주장할 수 없다. 문학과 역사 모두 저자/작가, 독자 그리고 문화적 현상과 더불어 진행하고 있는 대화의 기록인 것이다.

문화시학을 전개하고 있는 비평가들은 역사, 문학, 그리고 다른 사회적 행위를 담론의 형태로 간주한다. 그들은 문학 연구를 위해 전제가 되어야 할 필수적인 요소가 역사라고 보는 관점을 거부한다. 역사주의자들은 배경으로서 역사는 절대 왜곡되어서는 안 된다고 주장한다.

그렇다고 그들은 문학작품에 특별한 지위를 부여하지도 않는다. 의미를 생산하기 위해 문화와 상호 작용하는 다른 사회적인 담론과 예술 작품(텍스트)은 동등하게 취급한다. 하나의 담론은 어떤 경우에도 다른 것에 비해 뛰어난 지위에 놓지 않는다. 그리고 문화를 형성하는 제 담론들- 문학, 역사, 문학 비평, 인류학, 예술, 과학, 그리고 여타 학문분과의 담론들 - 사이에는 명확한 경계선이 존재하지 않는다.

문화시학자들은 학문분과의 경계선을 의도적으로 지운다. 문화적 의미를 생산하는 데 영향을 끼치는 모든 담론을 연구한다. 다양한 사회적 담론의 짜임을 통해 의미는 창출된다. 어떤 담론의 권력적 지위(hierarchy)는 존재하지 않는다. 모든 것은 필수적이기 때문에 텍스트의 분석 과정에서 다뤄야만 한다.

문화시학 비평가들은 예술적 작품을 사회적 생산물로서 간주한다. 텍스트의 의미는 작가, 텍스트 그리고 독자가 맞물려 있는 담론으로 구성된 문화 시스템 내에 존재한다. 텍스트 의미의 자물쇠를 풀기 위해서, 문화 시학 비평가들은 세 가지 영역을 우선 탐색한다. 작가의 삶, 텍스트에 반영된 사회적 규칙과 규범, 텍스트에 드러난 작품의 역사적 상황을 우선 고려한다.

한 영역이라도 소홀하게 다루면, 사회적 생산품으로서 텍스트에 대한 이해를 결여할 수 있다. 그렇게 되면 역사적인 것들이 발언을 강화해 역사주의로 회귀할 수 있다고 경고한다. 그리고 분석을 하는 과정에서 자신들의 방법론에 대해서도 끊임없이 의문을 제기하는 것을 잊지 말아야 한다. 문화시학은 언어의 고착화를 가장 경계하는 방법론이다. 그러한 방법론으로 텍스트를 분석하는 과정이 텍스트에 영향을 미친다.

3. 문화시학 분석을 위한 물음

어휘 중에서 가장 안정적인 것은 개념을 나타내는 말이다. 기표와 기의, 곧 내용과 형식이 마주하고 있다는 믿음을 주는 말이다. 사물과 말이 일대일로 대응하는 것은 아니지만 내적으로 긴밀하게 연결되어 있는 것이 개념어다. 언어와 대상은 작약과 뇌관을 잇는 여러 개의 선과 같이 연결되어 있다. 그 중 하나의 연결선이 강렬한 폭발에 관여할 수 있는 데, 그 개념이 바로 결정적인 연결선에 해당한다.

언어는 안정되어 있어야 의미가 해체되거나 형식이 조각나지 않는다. 역으로 아직 폭발하지 않는다는 것은 내적으로는 에너지가 충만해 있다는 말이기도 하다. 에너지가 충만한 언어로 이루어진 문장은 퍼즐 조각의 하나처럼 사태성이 강하다.

이런 문장이 소설에 들어올 때와 시에 들어올 때는 지향도 효과도 달라진다. 소설에 들어오면 전후의 사태와 접속해야만 문장으로서 쓸모가 있다. 맥락과 맥락을 잇는 문장으로 이루어진 글은 아무리 짧아도 일종의 사건이다.

반면 시에 들어오면 전후의 맥락을 능동적으로 끊어버린다. 모든 연결선들이 같은 강도의 폭발력을 품고 연결되기를 갈망한다. 그러나 시 텍스트는 외부세계와 연결이 되어 있지 않기 때문에, 연결될 대상은 구체의 세계에도, 추상의 세계에도 없다. 어휘들은 위험천만하게 스스로를 더듬거린다.

시 텍스트에서 일촉즉발의 긴장감을 느끼는 것은 텍스트가 아니라 그것을 지켜보는 작가와 독자들이다. 서정시는 문화 발전소의 핵심 발전기로서 가능성이 충분하다. 또한 서정시의 위치는 문화 속에서 확정되어 있지 않다. 서정시가 어떤 개념이나 관념, 신념을 품고 있지 않다는 것은 자명하다. 사태성과 사건성의 차원에서 보면 그렇다는 것이다.

서정시는 가장 길게 쓴 하나의 문장이라는 점에서 가장 긴 지속성의 사태이다. 그러면서 가장 짧게 쓴 한 편의 글이라는 점에서 순간적 사건성의 발현이기도 하다. 이 아포리즘이 문화의 발전소 핵심 발전기의 구동 원리이다.

시학은 언어를 핵심으로 다루기 때문에 시는 시학의 분석 대상으로 매력적인 텍스트다. 문화시학 분석을 위해 시를 읽을 때, 어떤 분위기의 문화적 목소리를 듣게 되는지 스스로에게 물어본다. 텍스트에 드러나는 문화적 발언에 귀를 기울인다. 문화적 발언이 지향하는 것은 문화 자체인가, 독자인가, 텍스트인가, 저자 스스로인가?

또한 화자의 문화적 신념을 발견할 수 있는 대목이 있다면 특별히 주목할 필요가 있다. 화자는 기존의 가치관, 윤리를 따르고 이를 텍스트에 반영하고 있는지, 혹은 여기에 균열을 가하면서 변화를 갈구하는지를 따져보는 것은 매우 중요한 분석의 포인트다.

언어적인 측면에서는 텍스트에서 의미를 형성하는 데 핵심적인 역할을 하는 어휘의 변화에 주목할 필요가 있다. 그 어휘들로부터 발아하는 의미가 창작된 시기와 그 작품을 해석하고 있는 '지금 여기'를 어떻게 연결하고 있는지가 중요하다. 아무런 변화가 없이 그대로인 경우, 그 의미에서 의미있는 변곡이 발견되는 경우 다른 해석으로 나아갈 수 있다.

이 연장선에서 작품이 창작될 당시 화자가 지향했던 가치가 지금도 지향할 만한 가치가 있는지도 살펴볼 필요가 있다. 지향 가치가 변했다면 어떤 과정을 거쳤는지도 탐색한다. 이 변화의 과정에 연속성을 부여할 수 있도록 해주는 문화적 매개물(영화, 연극, 드라마, 음악, 미술 등)을 찾아 문화적 분석과 해석으로 나아간다.

시의 핵심 어휘와 자신의 경험을 대비해 본다. 또한 핵심 어휘와 관련해 자신의 사적 경험과 공적 경험 사이에는 어떤 차이가 있는지도 살펴 문화의 폭을 가늠해 보는 것도 의미 있는 해석에 이르게 해준다. 시대를 달리하면서 시의 핵심 어휘는 그 지평, 지층, 위상과 가치에서 어떻게 변모해 왔는지도 살펴본다. 그 변모를 드러내 보여줄 수 있는 텍스트 자료, 다양한 문화적·역사적 자료를 확보하는 것도 중요하다.

이렇게 확보한 자료들을 해석하고 여기에서 내적 관련성을 추출해 이를 문화 플롯으로 구성할 수 있으면 '어휘의 문화사'를 중심으로 한 문화 비평이 가능해진다. 의미를 이루는 시간, 공간, 인간을 중심으로 문화 플롯은 크게 세 가지로 구분 된다.

① 문화의 시간 플롯: 담론의 현재 – 발생(원천) – 변곡 – 확장(고양, 전망) – 담론의 현재
② 문화의 공간 플롯: 이곳에 있기 – 그곳에 다가가기(설명) – 그곳에 있기(분석) – 의미부여하기(해석) – 다시 이곳에 있기
③ 문화의 인간 플롯: 나와 문화 어휘 – 선행자의 문화어휘(설명) – 동시대인의 문화 어휘(텍스트, 동료의 문화 어휘) – 후행자의 문화 어휘(해석) – 다시 나 와 문화 어휘

문화 비평은 기본적인 플롯이 복잡하게 얽힐 뿐만 아니라 모든 담론의 텍스트가 분석 대상이 되기 때문에 거의 무한대에 가깝게 변용할 수 있다.

4. 텍스트의 설명, 분석, 해석

1) 대상 텍스트

> 새끼오리도 헌신짝도 소똥도 갓신창도 개니빠디도 너울쪽도 짚검불도 가락잎도 머리카락도 헌겊조각도 막대꼬치도 기와장도 닭의짗도 개터럭도 타는 모닥불

재당도 초시도 문장늙은이도 더부살이 아이도 새사위도 갓사둔도 나그네도 주인도 할아버지도 손자도 붓장사도 땜쟁이도 큰개도 강아지도 모두 모닥불을 쬐인다

모닥불은 어려서 우리 할아버지가 어미아비 없는 서러운 아이로 불상하니도 몽둥발이가 된 슬픈 역사가 있다.

– 백석, 「모닥불」, 『사슴』, 1936.

* 갓신창 : 부서진 갓에서 나온, 말총으로 된 질긴 끈의 한 종류
* 개니빠디 : 개의 이빨 * 너울쪽 : 널빤지쪽 * 앗 : 깃
* 개터럭 : 개의 털 * 재당 : 재종(再從). 육촌
* 문장 : 한 문중에서 항렬과 나이가 제일 위인 사람
* 몽둥발이 : 딸려 붙었던 것이 다 떨어지고 몸뚱이만 남은 물건

2) 문화시학의 질문과 응답

(1) 한 편의 시를 읽고, 어떤 분위기의 문화적 목소리를 듣게 되는지 자신에게 물어본다. 텍스트에는 그 문화에 대해서, 독자에 대해서, 텍스트 자체에 대해서 어떤 문화적 발언을 하고 있는가?

1연과 2연은 대단히 사실적인 분위기를 연출하고 있다. 물론 이것은 연출이 가능하다는 이야기이지 실제 현실에서 일어난 일을 그대로 옮겨놓았다는 것은 아니다. 이러한 분위기 조성에 힘입어 3연은 바르게 씌여진 문장이 아님에도 불구하고, 할아버지와 모닥불이 몽둥발이를 통해 의미의 일체를 이루게 된다. 이런 점 때문에 3연의 주어와 서술어가 호응하지 않

는 것은 시인의 의도라는 생각을 강하게 한다. 이러한 문장의 뒤틀림이 일종의 '나선'의 상상력을 발휘해 '슬픈 역사'의 울림을 진한 분위기 속에서 퍼지게 한다.

(2) 화자의 문화적 신념을 발견할 수 있는 대목이 있는가? 기존의 선악의 구분을 따르고 있는가, 혹은 변화를 주고 있는가?

문화는 의미를 발하는 인간의 모든 행위, 인간과 관련된 모든 사물, 그 사물의 배치를 일컫는다. 문화는 시간, 공간, 인간을 기본 요소로 삼아 의미를 발한다. 문화의 이념은 세 가지 요소로 뒤엉킨 문화적 의미에서 최종적으로 지향하는 바가 어디인가에 따라 갈린다. 문화에 대한 이념은 인간의 행위를 추동하는데, 이를 문화적 신념이라고 할 수 있다. 화자는 기존의 선악이나 가치를 의미를 형성함에 있어 크게 고려하지 않는다. 오히려 그런 가치를 1연과 2연에서 무화시켜낸다. 이를 기반으로 가장 웅숭깊은 곳으로부터 밀고 올라오는 진하고 깊은 잿빛의 슬픔, 기존의 의미를 모두 태워버린 '몽둥발이'의 문화를 지향하고자 한다.

(3) 작품이 창작된 시기와 그 작품을 해석하고 있는 '지금 여기'를 연결하는 데, 작품은 어떤 역할을 하고 있는가?

1930년대는 일제강점의 상황에 놓여 있었다. 주권을 상실한 상황에서 거의 유일하게 그나마 민족적 자율성을 획득할 수 있는 장은 문화의 영역이었다. 1930년대 전민족적인 차원에서 진행했던 것이 한글맞춤법의 제정과 표준어의 선정이었다. 물론 '민족'이라는 개념 역시 함께 만들어지고 있었다. 이런 상황에서 표준어에서 밀려난 언어들에 대해 누구보다 각별한 관심을 가졌던 이가 바로 '백석'이다. '모닥불'을 '문화'로 비유한다면, 백석은 오직 표준어라는 장작만이 아니라 지역어, 비표준어 등 온갖 언어를 소재로 한 모닥불 즉 문화의 빛과 온기의 가치를 새기고 있는 것으로 볼 수 있다.

(4) 작품이 창작될 당시에 화자가 지향하는 가치와 '지금 여기'에서의 가치는 어떤 변화를 거쳤는가? 이 변화의 과정이 좀 더 연속성을 띨 수 있도록 해주는 문화적 매개물(영화, 연극, 드라마, 음악, 미술 등)이 있는가?

독자가 최종적으로 완성하는 텍스트와 마찬가지로 모닥불 역시 사람들이 빙 둘러서 원을 그려야 최종적으로 완성된다. 따라서 모닥불의 규모는 불의 규모가 아니라 참여하는 사람들의 수와 관련이 깊다고 할 수 있다. 그런 의미에서 강강술래의 구심점이 되는 모닥불은 가장 큰 모닥불이라고 할 수 있다. 대중적으로 가장 널리 알려진 '모닥불'은 가수 박인희가 부른 「모닥불」일 것이다. '모닥불 피워놓고 마주 앉아서 우리들의 이야기는 끝이 없어라'. 모닥불과 두 사람이 이루는 원은 가장 작은 혹은 가장 내밀한 원이라고 할 수 있다. 그런가 하면 세계를 향해 가장 강렬한 외침으로 타오르는 불도 있다. '우리는 장작불 같은 거야/먼저 불이 붙은 토막은 불씨가 되고/빨리 붙은 장작은 밑불이 되고/늦게 붙은 놈은 마른 놈 곁에/젖은 놈은 나중에 던져져/훨훨 타는 장작불 같은 거야'(백무산, 「장작불」 1연) 또 모닥불의 사회적 확장에 대해 노래한 시도 있다. '모닥불은 피어오른다/어두운 청과 시장 귀퉁이에서/지하도 공사장 입구에서/잡것들이 몸 푼 세상 쓰레기장에서/철야 농성한 여공들 가슴 속에서/첫차를 기다리는 면사무소 앞에서/가난한 양말에 구멍 난 아이 앞에서/비탈진 역사의 텃밭 가에서/사람들이 착하게 살아 있는 곳에서/모여 있는 곳에서/모닥불은 피어 오른다.(안도현, 「모닥불」 앞부분)

(5) 시의 핵심 어휘와 관련된 자신의 사적 경험과 공적 경험 사이에는 어떤 차이가 있는가? 시대를 달리하면서 시의 핵심 어휘는 그 지평, 지층, 위상과 가치에서 어떻게 변모해 왔는가? 그 변모를 드러내 보여줄 수 있는 텍스트 자료를 확보할 수 있는가?

• 모닥불 – 냇가에서 얼음을 지치다 얼음이 깨져 젖은 옷을 말리던 모닥불, 새내기 시절 첫 수련회 때 장성수련원에서 타오르던 모닥불. 초등학교 4학년 여름방학 보이스카우트 수련회에 가서 한 초등학교 운동장에서 피우던 모닥불과 최초의 연대감

• 1990년대 초반 해맞이를 위해 무등산 중머리재에 모여든 사람들이 피우던 모닥불. 새해맞이를 앞세워 열리던 각종 사회단체들과 진보단체의 집회, 결의대회

(6) 각각의 텍스트 자료에서 내적 관련성을 탐색하고 이를 플롯으로 연결해 "어휘의 문화사" 작성이 가능한가?

신화의 모닥불 – 공동체의 모닥불 – 소규모 공동체의 모닥불 – 낭만의 모닥불 – 혁명의 모닥불 – 문화의 모닥불

(7) 문화의 시간 플롯: 담론의 현재 – 발생(원천) – 변곡 – 확장(고양, 전망) – 담론의 현재

모닥불의 현재적 의미 – 시원적 모닥불 – 기호로서의 모닥불 – 변혁으로서의 모닥불 – 모닥불의 문화적 의미

(8) 문화의 공간 플롯: 이곳에 있기 – 그곳에 다가가기(설명) – 그곳에 있기(분석) – 의미부여하기(해석) – 다시 이곳에 있기

백석 시의 「모닥불」의 현재성 – 1930년대의 현재성 – 1930년대의 역사와 시대 상황 그리고 모닥불 – 모닥불의 의미의 변곡 – '모닥불' 의 문화어로서의 확장

(9) 문화의 인간 플롯: 나와 문화 어휘 – 선행자의 문화어휘(설명) – 동시대인의 문화 어휘(텍스트, 동료의 문화 어휘) – 후행자의 문화 어휘(해석) – 다시 나와 문화 어휘

놀이(현실)의 모닥불 – 연대감의 모닥불 – 사아 성찰의 모닥불 – 텍스트로서의 모닥불 – 놀이(텍스트)의 모닥불

(10) '모닥불' 이나 핵심 어휘 등이 의미의 영역을 이루는 시간, 공간, 인간의 층위에서 변곡을 일으키고 있는 지점이 있는가? 있다면 그 변이 과정은 어떤 지향을 보이는가?

모닥불은 일종의 변곡체로 작용하고 있다. 재당과 초시, 문장늙은이과 더부살이 아이, 새사위과 갓사둔, 나그네와 주인, 할아버지와 손자, 붓장사와 땜쟁이, 큰개과 강아지가 모닥불을 사이에 두고 변곡한다. 모닥불은 역사적으로 인간의 생존을 지켜주는 도구에서, 새로운 세계를 갈망하는 변혁, 혁명의 코드로 변곡하기도 한다. 모닥불은 어둠과 추위를 동시에 몰아내는 역할을 했다. 지금은 어둠과 추위를 몰아내는 역할은 전구와 전열기가 따로 담당하고 있다. 현재 모닥불이 지펴지는 장소는 작은 공동체의 모임이나, 가족 또는 연인이 함께 할 때이다. 이것은 모닥불이 가지고 있는 빛과 열의 동시성이 아직도 문화적 효과를 정서적으로 유발하기 때문으로 보인다.

5. 문화적 플롯의 구성

역사의 기술성, 서술성을 강조하는 이들은 역사(History)라는 말 자체로부터 역사의 해체를 시작한다. 그들은 'history' 안에 있는 'story' 에 주목한다. 페미니스트들은 history를 his+story로 본다. 그들은 역사를 her+story로 재해석하고, 허스토리(herstory)라고 쓴다. 문화의 시대에는 좀 더 story가 갖는 역능을 강조해 하이-스토리(Hi-story)라고 읽는다. 플롯을 이야기에 버금가는 공동체의 언어로 보는 입장에서는 'High-story' 라고 쓰면서 이야기의 역능을 강조하고자 한다.

문화의 시대에 과거, 기억에 대한 고찰은 플롯을 강조한다. 역사는 역사적 사실에서 언어로 전환할 것을 요구한다. 같은 맥락에서 역사의 텍스트성을 강조한다. 푸코의 담론은 역사가 어떻게 텍스트로 변형되는지를 탐색하는 이들에게 다양한 방향을 제시한다. 푸코는 전체성을 규명하려는 시도 대신에 특별한 것들을, 선험적인 근거 대신에 외재성을 지향하는 것들을, 근원성을 밝히는 대신에 빈번하게 파편적으로 출현하는 것들을 탐색하는 데 몰두했다. 그에게 담론은 이렇게 준비된 자료들을 구조화시키는 기능을 한다.[140]

역사는 사실 자체가 아니다. 사실의 재현도 아니다. 역사적 사실은 역사적 기술의 한 반영에 지나지 않는다. 당대를 주도하는 담론에 의해 재구성되는 것이 역사다. 역사는 언제든지 다시 배치될 수 있다. '텍스트의 역사성' 이라는 말은 텍스트에서 역사성을 발굴하거나, 텍스트를 역사로 만들

140) 라영균, 같은 논문, 2010, 117쪽.

자는 것이 아니다. 현재의 텍스트를 역사로 만드는 현재적 힘을 간파하자는 것이다. 역사는 과거가 아니라 지금 여기에서 만들어진다는 것이 '텍스트의 역사성' 에 접근하는 요체이다.

텍스트의 역사성을 주장하는 이들은 문화를 '아무것도 아닌 모든 것' 으로 본다. 노동과 삶 그리고 학문과 놀이의 총체로서의 문화를 지향하게 되면서 문화는 학문적 접근이 필요한 것처럼 보였다. 그러나 문화의 '정체불명성' 혹은 '포오즈(Pause) 불가능성', '결정불가능성' 은 문화학을 연기한다.

> 늦어도 80년대 이후 독일어권의 학계에도 "문화학"이라는 개념이 도입되어, 일종의 학문적 유행어로 정착되기에 이르고, 급기야 1991년에도 독일 학술진흥청 DFG의 지원을 받은 프로젝트 연구 결과 보고서에 전통적인 어문학 연구에 문화학을 도입하여 "정신과학의 시야가 전체의 문화, 즉 인간의 모든 노동과 삶의 형태의 총화로서의 문화를 지향해야 한다"는 선언이 나오게 된다.[141)]

그동안 문화에 대한 학문적 접근이 다채로운 방향에서 이루어졌다. 그러나 문화는 어떤 학문적 접근도 거부하지 않았지만, 어떤 것도 문화의 정수에 닿았다고, 구조를 파악했다고 선언하지 못했다. 그리고 모르는 사이에 모든 학문적 접근도 문화의 일부가 되어 있었다.

---

141) 김길웅, 같은 논문, 369쪽.

> 그러므로 그러한 상징들은 우리의 생물학적, 심리학적, 사회적 존재의 단순한 표현도, 수단도, 상관물도 아니다. 그러한 존재의 전제조건인 것이다. 인간이 없으면 분명히 문화도 없다. 그러나 더욱 중요한 것은 문화가 없으면 인간도 있을 수 없다는 사실이다.(클리퍼드 기어츠, 『문화의 해석』)

상징은 이제 언어의 다른 이름을 넘어선다. 상징의 언어들을 재배치하고, 재서술하는 전략으로서 플롯은 언어에 버금가는 상징에 해당한다. 그리고 언어와 상징은 문화를 형성하는 근원 요소에 해당하지만 동시에 끊임없이 해체되고 극복되어야 한다는 아포리즘을 품고 있다. 이 아포리즘에 의해 우리는 문화마저도 뛰어넘을 수 있다는 꿈을 꿀 수 있게 되는 것이다.

1) 문화 플롯 구성

백석의 「모닥불」에 대해 문화시학의 물음을 적용해 얻은 응답을 문화 플롯에 대입해 정리해 보면 다음과 같다.

(1) 도입

1930년대는 일제강점의 상황에 놓여 있었다. 주권을 상실한 상황에서 거의 유일하게 그나마 민족적 자율성을 획득할 수 있는 장은 문화의 영역이었다. 1930년대 전민족적인 차원에서 진행했던 것이 한글맞춤법의 제정과 표준어의 선정이었다. 물론 '민족' 이라는 개념 역시 함께 만들어지고 있었다. 이런 상황에서 표준어에서 밀려난 언어들에 대해 누구보다 각별한 관심을 가졌던 이가 바로 '백석' 이다. '모닥불' 을 '문화' 로 비유한다면, 백석은 오직 표준어라는 장작만이 아니라 지역어, 비표준어 등 온갖 언어를 소재로

한 모닥불 즉 문화의 빛과 온기의 가치를 새기고 있는 것으로 볼 수 있다.

(2) 설명

독자가 최종적으로 완성하는 텍스트와 마찬가지로 모닥불 역시 사람들이 빙 둘러서 원을 그려야 최종적으로 완성된다. 따라서 모닥불의 규모는 불의 규모가 아니라 참여하는 사람들의 수와 관련이 깊다고 할 수 있다. 그런 의미에서 강강술래의 구심점이 되는 모닥불은 가장 큰 모닥불이라고 할 수 있다. 대중적으로 가장 널리 알려진 '모닥불'은 가수 박인희가 부른 「모닥불」일 것이다. '모닥불 피워놓고 마주 앉아서 우리들의 이야기는 끝이 없어라'. 모닥불과 두 사람이 이루는 원은 가장 작은 혹은 가장 내밀한 원이라고 할 수 있다. 그런가 하면 세계를 향해 가장 강렬한 외침으로 타오르는 불도 있다. '우리는 장작불 같은 거야/먼저 불이 붙은 토막은 불씨가 되고/빨리 붙은 장작은 밑불이 되고/늦게 붙은 놈은 마른 놈 곁에/젖은 놈은 자중에 던져져/훨훨 타는 장작불 같은 거야' (백무산, 「장작불」 1연) 그런가 하면 모닥불의 사회적 확장에 대해 노래한 시도 있다. '모닥불은 피어오른다/어두운 청과 시장 귀퉁이에서/지하도 공사장 입구에서/잡것들이 몸 푼 세상 쓰레기장에서/철야 농성한 여공들 가슴 속에서/첫차를 기다리는 면사무소 앞에서/가난한 양말에 구멍 난 아이 앞에서/비탈진 역사의 텃발 가에서/사람들이 착하게 살아 있는 곳에서/모여 있는 곳에서/모닥불은 피어오른다.(안도현, 「모닥불」 앞부분)

(3) 분석

1연과 2연은 대단히 사실적인 분위기를 연출하고 있다. 물론 이것은 연출이 가능하다는 이야기이지 실제 현실에서 일어난 일을 그대로 옮겨놓았다는 것은 아니다. 이러한 분위기 조성에 힘입어 3연은 바르게 씌여진 문장이 아님에도 불구하고, 할아버지와 모닥불이 몽둥발이를 통해 의미의 일체를 이루게 된다. 이런 점 때문에 3연의 주어와 서술어가 호응하지 않는 것은 시인의 의도라는 생각을 강하게 한다. 이러한 문장의 뒤틀림이 일종의 '나선'의 상상력을 발휘해 '슬픈 역사'의 울림을 깊고, 진한 분위기 속에서 퍼지게 한다.

(4) 해석

문화는 의미를 발하는 인간의 모든 행위, 인간과 관련된 모든 사물, 그 사물의 배치를 일컫는다. 문화는 시간, 공간, 인간을 기본 요소로 삼아 의미를 발한다. 문화의 이념은 세 가지 요소로 뒤엉킨 문화적 의미에서 최종적으로 지향하는 바가 어디인가에 따라 갈린다. 문화에 대한 이념은 인간의 행위를 추동하는 데, 이를 문화적 신념이라고 할 수 있다. 화자는 기존의 선악이나 가치를 의미를 형성하는 데 크게 고려하지 않는다. 오히려 그런 가치를 1연과 2연에서 무화시켜낸다. 이를 기반으로 가장 웅숭깊은 곳으로부터 밀고 올라오는 진하고 깊은 잿빛의 슬픔, 기존의 의미를 모두 태워버린 '몽둥발이'의 문화를 지향하고자 한다.

(5) 마무리

'모닥불'과 관련된 텍스트 자료를 찾고 그 내적 관련성을 살피게 되면 좀 더 다양한 측면에서 문화적 해석이 가능할 것이다. 다른 차원에서의 '모닥불'에 대한 문화사는 다채로운 플롯에 의해 가능할 것이다. 우선 가능한 것은 의미에 따라서 하나의 플롯을 설정하는 것이다. 즉 모닥불이 의미한 바를 "신화의 모닥불 – 공동체의 모닥불 – 소규모 공동체의 모닥불

– 낭만의 모닥불 – 혁명의 모닥불 – 문화의 모닥불”로 나누어 그 의미를 탐색하는 것이다. 이것은 다분히 ‘인간적 측면’을 강조한 것이다. 다른 하나는 시간의 플롯과 공간의 플롯이 가능할 것이다. ‘모닥불’의 경우 특정한 공간을 배경하는 것이 아니기 때문에 시간을 중심으로 플롯을 구성하는 것이 문화적 기술에 유리할 것으로 보인다. 그 때 시간의 플롯은 “나와 문화 어휘 – 선행자의 문화어휘 설명 – 동시대인의 문화 어휘(텍스트, 동료의 문화 어휘) – 후행자의 문화 어휘 – 다시 나와 문화 어휘”를 기본 틀로 해서 짤 수 있을 것이다.

2) 문화비평의 예시 : ‘모닥불’이 문화시, 문화어로서의 ‘모닥불’

1930년대는 일제강점의 상황에 놓여 있었다. 주권을 상실한 상황에서 거의 유일하게 그나마 민족적 자율성을 획득할 수 있는 장은 문화의 영역이었다. 1930년대 전민족적인 차원에서 진행했던 것이 한글맞춤법의 제정과 표준어의 선정이었다. 물론 ‘민족’이라는 개념 역시 함께 만들어지고 있었다. 이런 상황에서 표준어에서 밀려난 언어들에 대해 누구보다 각별한 관심을 가졌던 이가 바로 ‘백석’이다. ‘모닥불’을 ‘문화’로 비유한다면, 백석은 오직 표준어라는 장작만이 아니라 지역어, 비표준어 등 온갖 언어를 소재로 한 모닥불 즉 문화의 빛과 온기의 가치를 새기고 있는 것으로 볼 수 있다.

독자가 최종적으로 완성하는 텍스트와 마찬가지로 모닥불 역시 사람들이 빙 둘러서 원을 그려야 최종적으로 완성된다. 따라서 모닥불의 규모는 불의 규모가 아니라 참여하는 사람들의 수와 관련이 깊다고 할 수 있다. 그런 의미에서 강강술래의 구심점이 되는 모닥불은 가장 큰 모닥불이라고 할 수 있다. 대중적으로 가장 널리 알려진 '모닥불'은 가수 박인희가 부른 「모닥불」일 것이다. '모닥불 피워놓고 마주 앉아서 우리들의 이야기는 끝이 없어라'. 모닥불과 두 사람이 이루는 원은 가장 작은 혹은 가장 내밀한 원이라고 할 수 있다. 그런가 하면 세계를 향해 가장 강렬한 외침으로 타오르는 불도 있다. '우리는 장작불 같은 거야/먼저 불이 붙은 토막은 불씨가 되고/빨리 붙은 장작은 밑불이 되고/늦게 붙은 놈은 마른 놈 곁에/젖은 놈은 자중에 던져져/훨훨 타는 장작불 같은 거야'(백무산, 「장작불」 1연) 그런가 하면 모닥불의 사회적 확장에 대해 노래한 시도 있다. '모닥불은 피어오른다/어두운 청과 시장 귀퉁이에서/지하도 공사장 입구에서/잡것들이 몸 푼 세상 쓰레기장에서/철야 농성한 여공들 가슴 속에서/첫차를 기다리는 면사무소 앞에서/가난한 양말에 구멍 난 아이 앞에서/비탈진 역사의 텃발 가에서/사람들이 착하게 살아 있는 곳에서/모여 있는 곳에서/모닥불은 피어오른다.(안도현, 「모닥불」 앞부분)

1연과 2연은 대단히 사실적인 분위기를 연출하고 있다. 물론 이것은 연출이 가능하다는 이야기이지 실제 현실에서 일어난 일을 그대로 옮겨놓았다는 것은 아니다. 이러한 분위기 조성에 힘입어 3연은 바르게 씌여진 문장이 아님에도 불구하고, 할아버지와 모닥불이 몽둥발이를 통해 의미의 일체를 이루게 된다. 이런 점 때문에 3연의 주어와 서술어가 호응하지 않는 것은 시인의 의도라는 생각을 강하게 한다. 이러한 문장의 뒤틀림이 일종의 '나선'의 상상력을 발휘해 '슬픈 역사'의 울림을 깊고, 진한 분위기 속에서 퍼지게 한다.

문화는 의미를 발하는 인간의 모든 행위, 인간과 관련된 모든 사물, 그 사물의 배치를 일컫는다. 문화는 시간, 공간, 인간을 기본 요소로 삼아 의미를 발한다. 문화의 이념은 세 가지 요소로 뒤엉킨 문화적 의미에서 최종적으로 지향하는 바가 어디인가에 따라 갈린다. 문화에 대한 이념은 인간의 행위를 추동하는 데, 이를 문화적 신념이라고 할 수 있다. 화자는 의미를 형성하는 데 기존의 선악이나 가치를 크게 고려하지 않는다. 오히려 그런 가치를 1연과 2연에서 무화시켜낸다. 이를 기반으로 가장 웅숭깊은 곳으로부터 밀고 올라오는 진하고 깊은 잿빛의 슬픔, 기존의 의미를 모두 태워버린 '몽둥발이' 의 문화를 지향하고자 한다.

모닥불' 과 관련된 다양한 텍스트 자료를 찾고 그 내적 관련성을 살피게 되면 다양한 측면에서 문화적 해석이 가능할 것이다. '모닥불' 에 대한 다른 차원에서 쓴 문화사는 다채로운 플롯에 의해 가능할 것이다. 우선 가능한 것은 의미에 따라서 하나의 플롯을 설정하는 것이다. 즉 모닥불이 의미한 바를 "신화의 모닥불 - 공동체의 모닥불 - 소규모 공동체의 모닥불 - 낭만의 모닥불 - 혁명의 모닥불 - 문화의 모닥불"로 나누어 그 의미를 탐색하는 것이다. 이것은 다분히 '인간적 측면' 을 강조한 것이다. 다른 하나는 시간의 플롯과 공간의 플롯이 가능할 것이다. '모닥불' 의 경우 특정한 공간을 배경하는 것이 아니기 때문에 시간을 중심으로 플롯을 구성하는 것이 문화적 기술에 유리할 것으로 보인다. 그 때 시간의 플롯은 "나와 문화어휘 - 선행자의 문화어휘 설명 - 동시대인의 문화 어휘(텍스트, 동료의 문화 어휘) - 후행자의 문화 어휘 - 다시 나와 문화 어휘"를 기본 틀로 해서 짤 수 있을 것이다.

|참고문헌|

H. 포터 애벗, 『서사학 강의』, 문학과지성사, 2010.

강우성, 「해체, 해석, 문학: 데리다와 윤리」, 『영미문학연구』 제8집, 영미문학연구회, 2005.

김길웅, 「문학연구의 문화학적 확장」, 『독일언어문학』 제21집, 독일언어문학학회, 2003.

김민응, 「실천윤리와 문화」, 『윤리문화연구』 제5집, 윤리문화학회, 2009.

김 석, 「선의 윤리와 순수 욕망의 윤리」, 『미학예술학연구』 제38집, 한국미학예술학회, 2013.

김수환, 「텍스트 이론에서 문화시학으로-로트만이 '행위 시학' 방법론을 중심으로」, 『러시아어문학연구논집』 제18집, 한국러시아문학회, 2005, 115쪽.

김종환, 「문화유물론과 셰익스피어」, 『셰익스피어 비평』 제25권, 한국셰익스피어학회, 1994.

김학룡, 「로티의 재서술 전략과 문학이론으로서의 가능성」, 『새한영어영문학』 제39집, 새한영어영문학회, 1998.

김향인, 「연구윤리의 윤리학적 고찰과 확산 방안」, 『도덕윤리과교육』 제24호, 도덕윤리과교육학회, 2007.

다음영화, (검색일: 2015. 12. 10)

라영균, 「포스트모더니즘의 역사 기술과 문학사 기술」, 『외국문학연구』 제37집, 한국외국어대학교 외국문학연구소, 2010.

리처드 로티, 『우연성 아이러니 연대성』, 민음사, 1996.

모리스 블랑쇼, 『문학의 공간』, 그린비, 2010.

모리스 블랑쇼, 『카오스의 글쓰기』, 그린비, 2012.

박만준, 「문화의 기원-겔렌의 문화이론을 중심으로」, 『대동철학』 제11집, 대동철학회, 2000, 112쪽.

박이문, 『문명의 위기와 문화의 전환』, 민음사, 1996.

박종훈, 「윤리문화학의 성격과 그 학문 영역」, 『윤리문화연구』 제6호, 윤리문화학회, 2010.

야나부 아키라, 『한단어 사전, 문화』, 푸른 역사, 2013, 96쪽.

양석원, 「욕망의 주체와 윤리적 행위-라깡과 지젝의 주체이론」, 『안과밖』 제10집, 영미문학연구회, 2001.

오민석, 「타자의 유리학과 문학이론-레비나스와 이글턴」, 『현대영미어문학』 제32집, 현대영미어문학회, 2014.

김용태, 「미쉘푸코, 권력과 지식, 그리고 신역사주의」, 『인문과학연구』 제15집, 성진여자대학교 인문과학연구소, 1996.

이락의, 『한자정해』, 비봉출판사, 1995.

이유선, 「문화적 가치판단의 기준과 문학적 문화」, 『사회와 철학』 제12호, 사회와 철학 연구회, 2006.

임병철, 「문학과 역사의 세계에 날아든 녹색탄환, 스티븐 그린블랏」, 『역사와 문화』 제12집, 문화사학회, 2006.

정원규, 「현대사회와 윤리개념의 분화: 사회윤리와 개인윤리」, 『철학연구』 제59집, 철학연구회, 2012.
진광현, 「신역사주의 방법론의 문제점」, 『현대영미문학』 제20권2호, 현대영미어문학회, 2002.
최병학, 「창과 액자-지식의 윤리와 현전의 형이상학」, 『윤리교육연구』 제5권, 한국윤리교육학회, 2004.
최순목, 「20세기 초의 문화유형론 : 프루스트의 문화컨텐츠 시론」, 『프랑스어문교육』 제11집, 한국프랑스어문학회, 2001.
최호근, 「역사주의와 신역사주의」, 『한국사학사학보』 제8집, 한국사학사학회, 2003.
클리퍼드 기어츠, 『문화의 해석』, 까치, 2012, 40쪽.
클리퍼드 기어츠, 『저자로서의 인류학자』, 문학동네, 2014.
한스 게오르크 가다머, 『진리와 방법 Ⅱ』, 문학동네, 2013.
휴 J. 실버만, 「기술성의 아포리아와 우리 사이의 책임」, 『미학·예술학연구』 제32집, 한국미학예술학회, 2010, 175쪽.

문학문화연구방법론을 위한 문화의
스타일·기술성·윤리성

초판1쇄 찍은 날 | 2018년 1월 28일
초판1쇄 펴낸 날 | 2018년 1월 31일

지은이 | 전동진
펴낸이 | 송광룡
펴낸곳 | 문학들
등록 | 2005년 8월 24일 제2005 1-2호
주소 | 61489 광주광역시 동구 천변우로 487(학동) 2층
전화 | 062-651-6968
팩스 | 062-651-9690
전자우편 | munhakdle@hanmail.net
블로그 | blog.naver.com/munhakdlesimmian
값 13,000원

ISBN 979-11-86530-47-4 03800

· 이 책은 2017년도 한국연구재단 인문역량 강화사업(CORE)
지원에 의해 출판되었습니다.